心理学与口才

PSYCHOLOGY AND ELOQUENCE

萧杰◎著

天津出版传媒集团
天津科学技术出版社

图书在版编目（CIP）数据

心理学与口才 / 萧杰著. -- 天津 : 天津科学技术出版社, 2019.11

ISBN 978-7-5576-6682-8

Ⅰ. ①心… Ⅱ. ①萧… Ⅲ. ①心理交往－口才学 Ⅳ. ①C912.13

中国版本图书馆CIP数据核字(2019)第127829号

心理学与口才

XINLIXUE YU KOUCAI

责任编辑：方　艳

出　　版：天津出版传媒集团
天津科学技术出版社

地　　址：天津市西康路35号

邮　　编：300051

电　　话：（022）23332695

网　　址：www.tjkjcbs.com.cn

发　　行：新华书店经销

印　　刷：凯德印刷（天津）有限公司

开本 880 × 1230　1/32　印张 6　字数 110 000

2019年11月第1版第1次印刷

定价：39.80元

前言
PREFACE

在日常生活中，口才技巧的练习是一件十分重要的事，不仅演讲师需要进行口才训练，而且普通人也需要通过锻炼自己的口才技巧来获得更好的工作机会。那么，心理学与口才技巧有什么必然联系吗？答案是有。

社会心理学中，有一则效应被称为“首因效应”（primacy effect），说的是在与人交往时，人们总是比较重视最初接触到的信息，并很容易以此为依据，对他人做出评价和判断，简单来说就是我们常说的“第一印象效应”。

举个例子，假如你现在是一名面试官，或是一名销售人员，又或是一个被父母逼迫相亲的倒霉蛋，对于对面坐着的那个人，你需要多长时间来形成对他的既定印象呢？你可能会说，一顿饭的时间就够了，也可能会说，一盏茶的工夫。而如果你身经百战，足够自信，你很可能会说：“我只要瞄他一眼就够了。”

总之，我们在很短的时间内就能对一个人产生评价，而且这些评价往往会成为我们衡量对方的一个重要标准。其实，我们在这样思考的同时，对方也在以同样的思考方式给我们打印象分，那么怎样才能在短时间内给他人留下一个好印象呢？答案是除了好看的穿着之外，你还要有漂亮的口才。

拥有高超的说话技巧，不仅可以给人留下深刻的印象，还可以让很多不了解你的人了解你，让了解你的人重新认识你。而且，语言往往是内心情感或者思想意识的一种表达，我们通过言语不仅可以表达自己的内心，还可以去洞悉他人的精神世界。因此，心理学与口才技巧的完美结合才是我们与他人进行良好沟通的金钥匙。

本书是一本将心理学和口才技巧结合的口才训练读本。本书针对生活中常见的问题，深入浅出地讲解了诸多心理学效应以及相关口才技巧的实际运用，能够帮助读者在社交、职场、销售、谈判、演讲等场合快速洞悉他人心理，从而把话说得到位、动听！

目录
CONTENTS

第二章

罗森塔尔效应：所有人都渴望被赞美

第三章

波特定律：批评时要拿捏好分寸

第四章

比林定律：该说“不”时绝不犹豫

第五章

布朗定律：说服的关键在于获得心理认同

下 篇 不同场合的心理学口才技巧

第六章

社交口才：运用心理策略破解尴尬局面

第七章

第八章

第九章

谈判口才：心理博弈对局要做到攻守有道

第十章

演讲口才：抓住听众心理才能赢得掌声

上篇

心理效应与口才定律

第一章

▽

首因效应：好的开场白能支撑起整场谈话

▽
▽

首因效应是指个体在社会认知中，通过“第一印象”最先输入的信息对客体以后的认知产生的显著影响作用。引用到口才学中，首因效应要求在讲开场白时，就能给沟通对象留下一个良好印象。因为，如果你一开始说得不好，可能就会给对方留下一个坏印象，从而打消与你继续交谈的兴致。

第一句话是叩开对方心扉的敲门砖

两个素不相识的人要想在短时间内产生心灵上的共鸣，最重要的莫过于说好第一句话。因为说好第一句话能给人一种友好、亲热且贴心的感觉，从而快速消除彼此之间的陌生感。

不管在什么场合，第一印象对人都非常重要，而如何与陌生人说好第一句话，关系到能否打破初次交往的心理障碍。如果开场白很精彩，能引起对方的共鸣，那么双方就会很快“打成一片”。

可是，现实中，有些人的胆子非常小，不敢主动向对方问好，特别是向陌生人问好。其实，这并不是一件难事，只需克服自己的胆怯心理，大胆地跟对方说：“我一直想和你说话，可是我很怕接近你。”这种单刀直入的话语，大多数情况下对方很难拒绝。这种沟通方式，能让我们快速打破沉闷的局面。因此，说好第一句话至关重要。

那么，当与陌生人见面时，怎样做到说好第一句话呢？常见的主要有以下3种方式。

1. 通过亲友关系拉近彼此的距离

一般情况下，两个陌生人之间倘若仔细进行一番交流，总能找到一些或近或远、或明或暗的亲友关系。假如你能在与对方见面之前多花一些时间，发现与对方的某种联系，那么就能大大缩短双方的心理距离，使对方感觉亲切。

美国的里根总统在访华的过程中就曾用过这种方式。在1984年夏天，美国总统里根受邀访问上海的复旦大学。在一间偌大的教室里，里根总统看着台下100多名初次见面的复旦学生，他的开场白是这样的："其实，我和你们的学校有着比较密切的关系。你们的谢希德校长和我的夫人南希都是美国史密斯学院的校友。由此看来，我和各位自然也就算得上是朋友了！"

话音刚落，全场便响起了雷鸣般的掌声。短短的几句话，瞬时增加了彼此之间的友好关系。

因此，在日常的交际中，我们也可以利用这种寻找彼此联系的方式，有意识地拉近和对方的距离，从而使彼此之间的交流更加顺畅地进行下去。

2. 采用问候式让人产生亲切感

"您好"是向对方问好致意的常用语。不过，如果能根据时间、对象的不同而使用不同的问候语，效果将会更好。

比如，当面对德高望重的长者时，你可以这样说"您老人家好"，以表示敬意；当面对跟自己年龄相仿者时，可以说"老×（姓氏），您好"，这样显得更亲切；当对方是教师或医生时，可以说"田医生，您好""李老师，您好"，这样能让人产生受尊重感；当过节期间，则说"过节好""新年快乐"，对人致以节日的祝福；而早晨的时候说“早上好”“您早”则比“您好”要显得更加具体些。

3. 用敬慕式话语给人一种贴心感

对初次见面的人表示敬重、仰慕，这是热情有礼的表现。但是，用这种方式时，一定要注意把握好分寸，恰到好处；不能胡乱吹捧，不要说“久闻大名，如雷贯耳”之类的过头的话。

表示敬慕的话一定要依据时间和地点的不同而有所不同。比如：

“今天是教师节，在这个特别的节日里，能见到您这样颇有名望的教师，我真是荣幸之至！”

“您的艺术品我曾经欣赏过很多遍，受益匪浅。没想到今天竟然能在这里一睹您的风采！”

总之，你一定要记住，与陌生人见面的第一句话是叩开对方心扉的敲门砖，也是让人产生对你一见如故的秘诀，因此，一定要重视并说好它。

称呼对了，后面的谈话会轻松很多

称呼往往是一个人身份、地位、能力的象征，而恰当地称呼别人则是一个人修养、情感、智商的综合体现。很多人会莫名其妙地攀谈失败，究其原因可能就是疏忽了称呼，让自己吃了大亏。会称呼别人，我们才能给他人留下好印象，让对方对自己倍感亲切，同时也会为自己带来攀谈的成功。

日常生活中，许多人都不注意称呼的运用。殊不知，称呼里有很重要的学问，称呼准确、得体与否，有时可以决定一件事情的成败。

例如，如果我们要与人聊天，不管对象是谁，总得以一个合适的称呼开头，它就像一把人际交往的钥匙，能够帮助我们进入人际交往的大门。称呼得体，可使对方感到亲切，聊天就有可能顺利进行；称呼不得体，往往会引起对方的不快甚至愠怒，让双方陷入尴尬境地。

有一个小伙子在人烟稀少的地方骑车赶路，眼看快到中午了，便急着找一个饭店吃点儿饭。忽然，他看到一个老汉路过，便停下来问道："喂！老头，这儿离饭店还有多远？"老汉十分不高兴，随意答道："五里！"小伙子听后急忙赶路去了，可一口气骑了十几里，仍然没有看到饭店。他暗想：这老头儿肯定是在骗我，一定要回去教训他一下。他一边想着一边自言自语道："五里，五里，什么五里！"突然，他醒悟过来，"五里"不是"无礼"吗？想到这里，小伙子便掉转头往回骑。他追上那位老人，急忙停下来，亲热地叫了声"老大爷"，话没说完，老人便说："最近的饭店已走过去了，还是到我家吃个便饭吧。"

这是一个流传很广的故事，它通俗而明白地告诉人们在交谈时讲究礼貌的重要性。"人而无礼，不知其可"，粗俗的言行与得体的礼貌将产生截然不同的交谈效果。

其实，在日常生活中，只要我们能用好称呼，让对方听着舒服，对方自然就愿意与我们多交流；相反，如果我们称呼得不好，让对方听着反感，对方自然不愿意和我们说话。

在各种场合和工作中恰当地称呼别人，对每一个人来说都十分重要。准确地称呼别人不仅是一个人有素质、有礼貌、有品位的体现，还是正确与人交流、交往的重要前提。如果一个人总是大呼小叫、无名无姓或"喂喂喂"地称呼别人，别人自然不会乐于理他。

称呼往往是一个人身份、地位、能力的象征，而恰当地称呼别人则是一个人修养、情感、智商的综合体现。很多人会莫名其妙地交谈失败，究其原因可能就是疏忽了称呼，让自己吃了大亏。会称呼别人，我们才能给他人留下好印象，让对方对自己备感亲切，同时也会为自己带来攀谈的成功。

那么，该如何合理地称呼对方呢？主要需要考虑以下几点。

1. 考虑职业

一般来说，对工人、司机、理发师、厨师等称“师傅”；对农民，应称“大爷”“大娘”“老乡”；对医生应称“大夫”；对教育和文化行业的人，如教师、编辑等，可称“老师”；对国家干部和公职人员、解放军和民警，最好称“同志”；对外企经理、外商、外籍华人最好称“先生”“小姐”“太太”“夫人”等。

2. 考虑年龄

见到年龄较大的人，要呼尊称，如“老爷爷”“老奶奶”“大叔”“大娘”“老先生”“老师傅”等。同龄人可以随意一些，如可称呼“哥们儿”“兄弟”“姐”“小妹”等。对待异性常用“帅哥”“美女”等活泼的称呼，但这样的称呼会让别人怀疑你另有企图，一定要看清状况。

3. 考虑身份和场合

在与一些领导、上级接触时，最好以头衔相称，如“王经理”“田厂长”“李校长”“张局长”等，尤其是在正式场合，更应如此。

谈吐优雅，开口就能给人留下好印象

美国哈佛大学前任校长伊立特说过：“一个有教养的人，其谈吐也是优美而文雅的。”

善于说话的人，不但能使不相识的人见了他后留下好印象，还能广结人缘，处处受欢迎。

许多人说话的本领不是很高明，是因为他们不曾把说话当作一门艺术，不曾在这门艺术上下功夫。他们不肯多读书、多思考。他们说话，宁肯随便用粗俗的语句，也不肯“三思”而后言，将自己的意思用文雅、优美的语言表达出来。

相传，有一对父子冬天在镇上卖便壶（俗称“夜壶”）。父亲在南街卖，儿子在北街卖。没多久，儿子的地摊前有了看货的人，其中一个人看了一会儿，说道：“这便壶大了些。”那儿子马上接过话茬：“大了好啊！装的尿多。”人们听了，觉得很不顺耳，便扭头离去。在南街的父亲也遇到了顾客说便壶大的情况。当听到一个老人自言自语地说“这便壶大了些”后，父亲马上笑着轻声地接了一句：“大是大了些，可您想想，冬天夜长啊！”好几个顾客听罢，都会意地点了点头，继而掏钱买走了便壶。

父子俩人在一个镇上做同一种生意，结果迥异，原因就在于会不会说话。我们不能说儿子的话说得不对，但不可否认，他的话说得欠水平，粗俗的语言难以入耳，令人听了很不舒服。而父亲则算得上是一个高明的销售商。他先赞同顾客的话，以认同的态度拉近与顾客的距离，然后，又以委婉的话语说“冬天夜长啊”，这句看似离题的话说得实在是好。这设身处地的善意提醒，顾客不难明白。卖者说得在理，顾客买下来是很自然的事了。

做生意尚是如此，其他方面也是如此，优雅的声音是一种能量，就像磁场一样，能够不动声色地吸引你周围的人。那些谈吐优雅的人总是会通过交谈来打动别人，比如在演讲、谈判，或是与人初次见面交谈时。优雅的谈吐更能给人留下深刻的印象，容易赢得他人的好感。 同时，优雅的谈吐还体现着一个人的文化修养，是文明、礼貌的表现。

不良的谈吐总会给你带来麻烦，一位日本小说家曾这样说：“日常生活中大部分的摩擦冲突都起因于恼人的声音、语调以及不良的谈吐习惯。”如果你善于观察生活中的细节，你会发现如果一个人谈吐有缺陷，可能会给他带来很大的影响，比如人际关系不和谐、家庭不和睦、事业不顺利等。所以，优雅的谈吐对一个人来说十分重要。

做好自我介绍，让形象值瞬间飙升

自我介绍是人与人良好交流的开始，是人际交往的关键环节。在陌生的场合，面对陌生人，要想让你的形象在他们心中深深地扎下根，你必须学会自我介绍。它是你在陌生场合取悦陌生人的秘籍。

人和人之间的交往，从陌生到熟悉，往往都是从自我介绍开始的。自我介绍是向别人展示自己的一个重要手段，自我介绍做得好不好，直接关系到你给别人第一印象的好坏以及日后交往的顺利与否。

可能有人会说，做自我介绍很简单啊，人人都会。然而并非如此，事实上很多人做得并不理想，以至于把自己介绍了半天，对方仍然不了解你是一个怎样的人，自然也就不会留下什么印象了。

那么，什么样的自我介绍才能把你这个人深刻地印在对方的脑海里，让对方尽快地对你产生好感，并愿意继续和你聊下去呢？一般来说，应当注意以下几个方面。

1. 要有自信心

在日常生活中，有些人怕“生”，见到陌生人，思维就僵化，变得呆若木鸡。本来伶牙俐齿的，结果变得结结巴巴了。这种状况怎能介绍好自己呢？要克服这种胆怯心理，关键是要有自信。有了自信心，才能介绍好自己，给别人留下好的印象。

2．态度要真诚自然

有人把自我介绍称为自我推销。既然推销产品时需要在货真价实的基础上做宣传，那么推销自我时也不能不顾事实而自我炫耀。因此，做自我介绍时，最好不要用“很”“最”“极”等表示极端程度的词汇，以防给人留下不好的印象。真诚自然的自我介绍，往往能使自己的特色更闪闪发光，引起人们的注意。

著名的戏剧表演家王景愚是这样做自我介绍的：“我就是王景愚，表演《吃鸡》的那个王景愚，愚公移山的愚。人称我是多愁善感的戏剧家，实在是愧不敢当，我只不过是一个走火入魔的‘哑剧迷’罢了。你看我40多公斤的瘦小身材，却经常负荷许多忧虑与烦恼，又多半是自找的。我不善于向自己敬爱的人表述敬与爱，却善于向所憎恶的人表述憎与恶，然而胆子并不大。我虽然很执拗，却又常常否定自己，否定自己既痛苦又快乐，我就生活在这痛苦与快乐的交织网里，总也冲不出去。在事业上，人家说我是敢于拼搏的强者；而在复杂的人际关系面前，我又是一个心无灵犀、半点不通的弱者。因此，在生活中，我是交替扮演强者与弱者的角色……”

这位表演艺术家的自我介绍是多么的机智巧妙，同时又不乏谦虚、诚恳，是不是很容易就引起了你的好感，并产生了与之进一步结识的愿望。所以，自我介绍不一定要口吐莲花，人与人交往最重要的就是态度真诚，做到了这一点，相信你会给更多的人留下深刻的第一印象。

3．语言要幽默生动

在自我介绍时，语言生动、幽默风趣能给别人留下更加深刻的印象，同时也比较容易引起人们的好感与认同，产生与之接近的愿望。

著名歌唱家克里木在一次演唱会上的自我介绍就很有新意，给人留下了难忘的印象。他说自己12岁开始便骑着心爱的小毛驴走南闯北，为了接受青年朋友的善意批评，忍痛放弃了那条落后于时代的小毛驴，从国外买了辆进口车开到演出场地。说到这儿，他停了片刻，又说："你们猜是什么牌子的车？那是印度的大篷车！"

克里木就是从现场观众对他印象最深的曲子电影《阿凡提的故事》的插曲联系到小毛驴，再从小毛驴说起，不落俗套，语言风趣幽默。

可见，自我介绍应当独辟蹊径，从独特的角度，选择使对方感到意外、又觉得顺乎自然的内容，采用活泼的语言把自己"介绍"给别人。

4．要考虑对象

自我介绍的目的是要给对方留下一个好印象，引起初识者的兴趣。因此，交往对象不同，介绍的重点也不一样。你要研究对方的想法，对他来说，你的价值在哪里。所谓价值，就是让对方觉得你是一个有价值的人，是一个值得结交的人。

日本交际专家大串亚由美在授课时的“自我介绍”就非常有特色，并且她还根据不同类型的学员设计了两个不同版本的“自我介绍”。

一个是这样介绍的：“大家早上好，我是世联公司的大串亚由美。‘大’是大小的大，串是‘两个口一竖’的串。我的特长是早起，我的人生目标是成为一个有价值的人，希望大家经过我的培训后，能够取得一些有效的收获。因此，我一定会竭尽全力。今后还要请大家多多配合，在此，我提前向大家表示由衷的谢意。”

另一个是这样的：“早上好，我是大串亚由美。作为大家的讲师，我的优势在于拥有丰富的培训经验。我几乎每天都有培训任务，去年一年我一共做了275天培训。我的人生格言是‘勤勤恳恳，决不懈怠’。今天的培训，我会竭尽全力，为大家提供尽可能多的帮助，还希望大家能够积极配合，踊跃参与。”

这两个版本的“自我介绍”，对那些形象思维较强的学员，她多采用第一种；对数字概念比较强的学员，她则多采用第二种自我介绍。无论是哪一个版本，她都把自己所有有价值的信息传达给了学员，给大家留下了深刻的印象。

总之，自我介绍是人与人良好交流的开始，是社交的关键环节。在陌生的场合，面对陌生人，要想让你的形象在他们心中深深地扎下根，你必须学会自我介绍。它是你在陌生场合取悦陌生人的秘籍。

找好话题，初次见面也能深刻交谈

好话题是初步交流的媒介，是深入聊天的基础，是纵情畅谈的开端。通过转移注意力，提出新话题，使谈话氛围重新和谐起来。没有话题，交流就很难顺利进行下去。

在与陌生人交谈的过程中，很容易因为话不投机或不善表达而出现“冷场”的情况，冷场无论是对于交谈、聚会，还是议事、谈判，都是令人窘迫的局面。而要想打破冷场，那就必须要有寻找话题的本领。写文章，有了个好题目，往往会文思泉涌，一挥而就；交谈，有了好话题，就能使谈话融洽自如。

有一位记者去采访一位女教师，行前有人说这位老师很倔，说不过三言两语就把人打发走了。记者到学校去找她，她正在跟传达室的人发脾气。记者听说她是浙江人，心里暗自高兴，因为他也是浙江人。后来，他们从家乡聊起，越聊越投机，这一段题外话也为采访做了很好的铺垫。

其实打破冷场的方法有很多，关键看我们能否随机应变，及时发现和找到对方关心或与对方有关的事由，提出一个好话题。

一般来说，好话题的标准是：至少有一方熟悉，可以聊；大家都感兴趣，喜欢聊；有展开探讨的余地，容易聊。

那么，在与陌生人聊天的时候，怎么才能找到好话题呢？

1. 选择对方关心的话题

面对陌生人，要把对方关心的事件作为话题，把话题对准对方的兴奋中心。通常这类话题是他想说、爱说、能说的，自然就能说个不停了。

2. 借用身边材料为题

巧妙地借用彼时、彼地、彼人的某些材料为题，借此引发交谈。有人善于借助对方的姓名、籍贯、年龄、服饰等，即兴引出话题，通常能取得良好的效果。这种方法的优点是灵活自然，就地取材，其关键是要思维敏捷，能作由此及彼的联想。

3. 投石问路

向河水中投块石子，探明水的深浅再前进，就能有把握地过河。同样，在与陌生人交谈时，先提出一些“投石”式的问题，当稍微有所了解后再有目的地进行交谈，便能聊得更为自如。比如，在聚会时见到陌生的邻座，便可以先“投石”询问：“您和主人是老乡还是老同学呢？”不管问的哪一句，都可循着对的一方面交谈下去；如果问得都不对，对方回答说是“老同事”，那也可以谈下去。

4. 寻找共同的喜好

问清楚陌生人的兴趣，循趣发问，就能顺利地进入话题。比如对方喜欢下象棋，你便可以以此为话题，谈下棋的情趣，车、马、炮的运用等。如果你对下棋也略微懂点儿，那肯定谈得投机。如果你对下棋不太了解，那也正好是一个学习机会，可以静心倾听，适时提问，借此开阔眼界。

引发话题的方法有很多，比如“即景出题”法、“借事生题”法、“由情入题”法等。你可以巧妙地从某景、某事、某种情感出发，引出一番讨论。这种引发话题，重点在于引，目的则是导出对方的话茬儿。

5. 寻找共同点，缩短距离

与陌生人交谈时，必须在缩短距离上下功夫，力求在短时间内了解得多些，缩短彼此之间的距离，进而在感情上变得融洽。孔子说：“道不同，不相为谋。”只有志同道合，才能谈得来。我国有许多“一见如故”的美谈。要想与陌生人谈得投机，就要在“故”字上做文章，变“生”为“故”。下面是变“生”为“故”的3种方法。

（1）适时插入聊天过程中。

看准情势，不放过应当说话的机会，适时地插入聊天过程中，适时地“自我表现”，能让对方充分了解自己。聊天是双边活动，光了解对方，不让对方了解自己，同样难以深谈。陌生人如果能从你切入的谈话中获取教益，那么双方就会变得更亲近。适时切入，能把你的知识主动有效地呈现给对方，符合“互补”原则，进而为“情投意合”奠定基础。

（2）借用媒介。

通过寻找自己和陌生人之间的媒介物，从而找出共同语言来缩短双方的距离。比如，当看到一位陌生人手里拿着一件东西，可以问："这是什么？……看来你在这方面是个行家。正好我有个问题想向您请教。"这种对别人的一切表现出浓厚兴趣，通过媒介物表露自我的方式，也会让聊天顺利进行。

（3）留有余地。

留些空缺让对方接口，使对方感到双方的心是相通的，聊天过程是和谐的，那样就能缩短彼此之间的距离。因此，在和陌生人聊天时，千万不要把话说完，也不要把观点说死，应当拿出虚怀若谷、欢迎探讨的态度来对待。

根据情境设置话题，打破冷场局面不再难

我们应该知道，冷场的出现，往往与话题有关。曲高和寡会导致冷场；淡而无味同样会引起冷场。如果你不希望出现冷场，就应当事先做些准备，使自己有一些库存话题，以备不时之需。

人们在日常生活和社会交往中，尤其是在比较正式的场合，比如聚会、议事等，常会出现冷场的情况，令人感到窘迫。一般来说，谈话者之间若存在以下几种情况时，最容易因话不投机而出现冷场。

彼此之间不是很熟悉。

年龄、职业、身份、地位差异大。

心境差异大。

兴趣、爱好差异大。

性格、素质差异大。

平时意见不同，感情不和。

互相之间有利害冲突。

异性相处，尤其单独相处时。

因长期不交往，关系比较疏远。

性格都比较内向。

……

出现冷场时，双方都会感到尴尬。但是只要你掌握了破冰之术，及时根据情境设置话题，冷场是很容易被打破的。

1. 要学会拓展话题的领域

开始第一句话要注意的是使人人都能了解，人人都能发表看法，由此再探出对方的兴趣和爱好，拓展谈话的领域。如果指着一件雕刻说："真像××的作品！"或是听见鸟叫就说："很有门德尔松音乐的风格。"除非对方是内行，否则不但没有成效，还会在背后挨骂。

如果你想拓展谈话的领域而希望知道对方的职业，那只能用试探他的方法。比如，你可以问："先生常常去游泳吗？"如果他说"不"，你就可以问他是否很忙，"每天上哪儿消遣最多？"然后探出他是否有固定工作。如果他回答"是"，你就可以问他平时什么时候去游泳，从而判断他有无职业。如果他说是星期天或每天下午五点以后去，那无疑是有固定工作。

当确定了别人有工作时，才能问他的职业，这样就可以谈他工作范围内的事情。如果不知道对方有没有工作，或确知对方为失业者，那最好还是谈别的话题。

2. 风趣接话转话题

在谈话中善于抓住对方的话题，机智巧妙地接答，可以使我们的谈话变得风趣，从而使谈话氛围活跃起来。有一个典型的例子：当我们夸奖对方取得的成绩时，总能听到这样的回答："一般一般"。倘若我们不接着话茬儿说下去，就有点儿赞同对方的说法，达不到接话说的目的。这时，你可以这样回答："'一般'情况尚且如此，那‘二般’情况就可想而知了。”言外之意是说：“一般的情况才如此的话，二般的情况就更不值得一提了。”这类接话，一般是采用谐音、双关的手法，接住对方的话茬儿，作风趣的转答。

要想巧妙地接答对方的话茬，可以把原来的话题引向另一个话题，使谈话转变一个角度继续进行下去。

小王是某公司负责某一地区的销售业务员。公司为了加强和客户之间的联系，特举办了一年一度的“工商联谊会”。公司安排小王在会议期间陪同他的客户杨某。他们路过一家商场，谈起了商场的销售情况。最后，杨某深有感触地说：“现在，市场竞争够激烈的。”小王随即接过他的话说：“就是。在您的公司工作的业务员也不少吧？”

就这样小王既把话题延伸了下去，同时又把话题朝有利于自己的方向发展。

3. 适时地提出引导性话题

适时地提出引导性话题，可以给他人留下谈话的时间和空间，尤其是对于那些不善于当众讲话的人。这些话题可以根据对方的性格特点、兴趣爱好、职业性质等方面来设置。比如：“近来工作顺利吧”，“听说你最近有件高兴的事，什么事啊”，“前一段时间我看见了你家孩子，学习怎么样”。先用这些听起来使对方温暖的话寒暄一下，便于开展谈话。

面对那些在公司上班的人，可以探问其对公司的日常规则的看法，如："你们公司每周都要举行升旗仪式，之后还要做早操，召开例会，你怎么看待？"引导性话题应该注重可谈性和可公开性。不宜在公开场合触及个人隐私，也不要在背后议论他人。

如果引导性的话题过于敏感，或者越出了对方的兴趣爱好，或者过于深奥，超出了对方的知识结构，也许是对方不愿意说，也许是真的无话可说。提出这类话题，目的是想让对方开口讲话，如果不能让对方开口说，那还有什么意义呢？

在提一些引导性话题的时候，也要注意方法和策略，不要让对方感到难以回答或只是附和而已。比如："你是不是也觉得你们现在的厂长很能干？"人家要说赞同的话，他自己的确也有保留意见；要说不赞同，而你已经认可了，他总不至于在你的面前进行反对吧，何况是说别人的坏话呢？所以说，这样的话题，处理得不好，就会让自己失去谈话的亲和力。再者也不要问些大而空的问题，让人不知从何说起，最好具体点。

此外，在打破冷场时还应该注意以下事项。

（1）如果是因为自己太清高、架子大，使人敬而远之，而造成对方的沉默，在交谈中就应当主动、客气、随和一些。

（2）如果是由于自己太自负，盛气凌人，使对方反感，而造成了沉默，则要注意谦虚，多想想自己的不足，适当褒扬对方的长处。

（3）如果是由于自己口若悬河，讲起话来漫无边际、无休无止，而导致了对方的沉默，则要注意适可而止，给对方说话的机会，不要让人觉得你是在做单方面的传教。

（4）一般人的心理都是喜欢教人，而不喜欢受教于人。有时装作不懂事的样子，往往可以听取他人更多的意见，这根源于人们的自炫心理。反之，你表现得太聪明，人家即便要说，也会有所顾虑，怕比不上你。因此，你可以采用求教的语气说话，这样就能引起对方的优越感，从而引出滔滔话语。

第二章

▽

罗森塔尔效应：所有人都渴望被赞美

▽

▽

罗森塔尔效应的意思是：当向被期望者传达一种强烈的心理暗示时，被期望者的行为就会朝着期望者所期待的方向发展。其实这说的是赞美的力量，对此，心理学家威廉·詹姆斯认为：人性最深切的渴望就是得到别人的赞美。确实，谁不愿意被夸赞呢?

找到对方的闪光点，把赞美具体化

当你夸一个人“真棒”“真漂亮”时，他的内心深处就会立刻产生一种心理期待，想听听下文，以求证实：“我棒在哪里？”“我漂亮在哪里？”此时，你如果没有具体的表述，对方就会非常失望。

在这个世界上，所有人都渴望被人赞美，无论是孩子，还是老人，因为人都有一种被人肯定、被人赞美的欲望。正如一句谚语所说：“赞美好比空气，人人不能缺少。”

赞美是说话的艺术，合乎人性的法则。不过，赞美别人时，一定要把赞美的话说具体，那样才显得真诚，才能使人感到开心、快乐。

王小姐是一位大型企业的总裁秘书，有三个客人都跟她说想要见她的领导。

第一个客人对她说：“王小姐，你的名字挺好的。”当时王小姐心里特想听听她的名字好在哪儿，结果，那位客人却不说了。王小姐感觉那个人不真诚。

第二个客人说：“王小姐，你的衣服挺漂亮的。”王小姐立刻想听听她的衣服哪里漂亮，结果也没了下文，话还是没有说到位，让王小姐很失望。

第三个客人说："王小姐，你挺有个性的。"当王小姐想知道自己到底有什么样的个性时，那个客人接着说："你看，一般人都把手表戴在左手腕上，而你的手表戴在右手腕上……"王小姐听后，感觉自己确实有点儿与众不同，很高兴，于是就让第三个客人见了她的领导，结果签了一个10万元的单子。

上例中前两位客人由于赞美的话都是泛泛之词，只有第三位客人把赞美的话具体化，最终签下了大单。可见，赞美之词应当讲究具体才行。

像"你太漂亮了""你真棒""你真聪明"之类的赞美，比较笼统、空洞，缺乏热诚，会给人一种敷衍的感觉，有时甚至有拍马屁的嫌疑，会让人怀疑你的动机不纯，容易引起对方的反感与不满。

但是，如果你能详细地说出她哪里漂亮，他什么地方让你感觉很棒，他怎么聪明，那么赞美的效果就会大不相同。因为具体化可视、可感觉，是真实存在的，对方自然就能由此感受到你的真诚、可信。因此，赞美只有具体化，才能深入人心，才能与对方内心深处的期望相吻合，从而促进你和对方的良好交流。

那么，我们如何才能发现对方具体的优点，并用恰当的语言表达出来呢？

1．指出具体部位，说明特点

我们可以从他人的相貌、服饰等方面寻找具体的闪光点，然后给予评价。

比如，当你赞美一位女士时说“你太漂亮了”，不如说“你的皮肤真白，你的眼睛很亮，你的身材真高挑……”她的脑海里就会马上浮现出“白皙的皮肤，美丽的眼睛，苗条的身材……”这样，你的赞美之词就会让她难以忘怀。

2. 结合名人做比较

对于外表的赞美，倘若能结合名人来做比较，效果会更好。社会名人和明星往往是大家喜欢甚至崇拜的对象，他们的知名度也比较高。如果你想夸赞某人，若能指出他的整体或某个部位像哪一位名人或明星，自然就提高了他的形象。

3. 列举事实，说出感想

用事实作根据，从而引申出对性格、品位、气质、才华等方面的赞美。比如下面的例子。

当你看到一位女士佩戴了珍珠项链，你可以这样赞美她：“您真有品位，珍珠项链显得自然高贵，英国的戴安娜王妃最喜欢珍珠首饰。”

当你看到同事家挂在墙上的结婚照时，可以这样说：“你应该多送你太太聘礼。”同事不解地问：“为什么？”你若向他解释：“因为你娶了一位电影明星啊。”他听到这样的夸赞后，心里一定美极了。

间接赞美比直接赞美更有效

真诚、坦白地直接赞美别人，固然能取得效果，但如果用词不当，就可能使赞美之词沦为阿谀奉承，给对方留下不好的印象，让人觉得你的赞美之词太露骨、太肉麻。如果你担心出现这样的结果，那么最好采取间接的赞美方式，着重表达自己对某一类人或物的赞美，同样会收到不错的效果。这样无论使用怎样的溢美之词，都不会显得过于露骨和肉麻，而对方又能同样领会到你的赞赏之情。

《红楼梦》中有这样一段描写：史湘云、薛宝钗一起劝宝玉好好学习，以后做官，宝玉对此大为反感，对着史湘云和袭人赞美黛玉说："林姑娘从来就没有说过这样的混账话！要是她也说这些混账话，我早就和她生分了。"

恰巧黛玉此时走到窗下，听到了宝玉对自己的赞美，"不觉又惊又喜，又悲又叹"。之后宝玉和黛玉二人互诉衷肠，感情倍增。

在黛玉看来，宝玉是在背后赞美自己的，而且他不知道自己会听到，这种赞美就不是刻意的。如果宝玉当着黛玉的面说这样的好话，生性多疑的黛玉可能会认为宝玉是在讨好她或打趣她。

在日常生活中，如果我们想赞美一个人，不便对他当面说出或没有机会向他说出时，可以在他的朋友或同事面前，适时地赞美一番。这样收到的效果会更好。

南北战争开始时，北方联军连吃败仗。后来林肯大胆起用了一位将军——格兰特。他出身平民，衣着不整，言语粗俗，行为莽撞，有人还说他是个酒鬼。林肯心里明白，所有对他的传言都是夸大其词……后来，竟然有人要求林肯撤掉格兰特的军职，理由是他喝酒太多。林肯则不以为然，他赞扬格兰特说："格兰特总是打胜仗，要是我知道他喝的是哪种酒，我一定要把那种酒送给别的将军喝。"格兰特没有辜负林肯的信任，为结束南北战争立下了赫赫战功，证明了自己的确是一位能力卓越的将军。后来，他成了美国第十八任总统。

由此可见，背后说别人好话要比当面恭维别人效果明显好得多。你完全不用担心你所赞美的人会听不到你的赞美，相反，你对对方背后的赞美，很容易就会传到对方的耳朵里，对方也会因此对你另眼相看。

人都有爱听好话的心理，即使明知道别人说的是奉承话，心里也免不了会沾沾自喜。一个人听到别人对自己的赞美后，一定不会感到厌恶，除非对方说得太离谱了。赞美的魅力是无穷的，但是，最有效的赞美是在背后赞美他人。要赞美一个人，当面赞美固然能取得效果，但往往背后赞美的效果更明显。

超出期待的评价，让人打心眼里喜欢

每个人都不会拒绝别人真诚的赞美之词，但赞美之词一定要有闪光的地方，不可过分流于世俗。赞美别人要注意别出心裁，有特点的赞美才能让别人注意你，才能达到拉近彼此距离的目的。

懂得赞美别人是一件好事，但绝非一件易事。如果遇到女士就夸“漂亮”，遇到男士就说“能干，有为”，这些老套的赞美是不会引起别人特别的感受和注意的。

事实上，没有人对别人给予自己的赞美无动于衷，只不过有人会赞美他人，有人不会赞美而已。关键是赞美的人能不能找到一种标新立异的赞美方法。

因此，要想赢得人心，就要在赞美的技巧上多下点功夫，找到别出心裁的赞美之词，从而让对方在瞬间对你产生好感。

首先，在赞美一个人时，如果你能避开公认的特长，独辟蹊径，给对方以超出其期待的评价，当然就能收到很好的效果。

比如，面对一位美丽的姑娘，如果夸赞她的容貌，她自然会高兴。可是，如果只是赞美她的容貌，即使称赞她倾国倾城，沉鱼落雁，闭月羞花，也不过是老生常谈，不会引起她太大的兴趣。这时如果你换个角度，赞美她聪明智慧、气质高雅、能歌善舞或有其他方面的特长，一定会让她产生耳目一新的感觉。

面对一个事业有成的女人，如果你经常夸她有能力、有才干，这样的赞美之词，她几乎每天都会听到这样的赞美，所以即使你再怎么费力地赞美她，她也不会觉得有什么特别。但如果你对她说："你的眼睛长得好迷人""你无论是坐着、站着还是走路的时候，都别有韵味"，相信她一定会喜上眉梢，认为你是一个很有眼光的人。

李女士是某大型企业的法人，该企业经营管理得很优秀，经济效益和社会效益都很可观，业内人士都称赞她为"铁娘子"。

一次，一位记者采访李女士时说道："李总，大家都认为您管理精到，我倒觉得您身上更有着传统女性的那种善良、心细的魅力。"

听到这些话，李女士特别高兴，忙说："很多人只是看到了我的表面，并不是真正了解我。"

记者的这番话之所以能够博得李女士的好感，就是因为她平时听到的对她管理才能的赞美之词太多了，而这位记者称赞的却是她的女性魅力，这样让她感到很特别、新颖。

所以，当我们在赞美别人的时候，一定不要重复那些别人耳朵都听得起茧的话语。尤其是对那些成功人士，他们经常会听到别人的赞美，所以我们就不要像别人一样千篇一律地去赞美，而是一定要注意寻找别人所没有注意到的细节。

我们在夸赞专业人员时，也应当尽量避开其特长，可以从他的为人等方面挖掘闪光点。比如，如果你称赞出租车司机的驾驶技术高超，效果就不会太明显，因为驾驶技术不好的话，也做不了出租车司机。所以，对出租车司机来说，驾驶技术没有什么值得炫耀的。但是，如果你夸他的车里特别干净，一看就知道他在生活中是个很讲究的人。他就会高兴地对你说，他每天都会更换座套，还会跟你说一些出租车是城市的窗口，代表一个城市的形象之类的话，从他那自豪的神态上，你就能感觉到他心里有多开心。

因此，赞美一个人时，与其称赞他最大的优点，不如发现他最不显眼、甚至连他自己也未曾发现的优点，给对方以超出其期待的评价，那样就会收到很好的效果。因为他最大的优点已经成为其性格中的一部分，在任何人看来都已经是不足为奇的了。如果经常称赞一个人最大的优点，可能会让其产生反感。相反，那些小的优点，因为从未或者很少有人发现，因此也就显得弥足珍贵。

而你的发现与称赞为对方增添了一份对自己的认识，也增加了一次重新评估自己价值的机会。同时，你不同凡响的观察力还会获得对方的器重。

先抑后扬式赞美更显真诚

如果一个人成功了，你否定他的过去，事实上就更能彰显出他现在的成就。所以，平时你在和别人聊天时，也可以运用“先抑后扬”的方法，从否定到肯定的评价，不仅能增强谈话的吸引力，还显得真实可信。

在与人们的交往过程中，要想赢得别人的好感，就应该多赞美别人，不要轻易地否定对方。不过，有一种形式的否定，对方是能够接受的，那就是先抑后扬式，即先否定他的过去，再肯定他的现在。

那什么是先抑后扬式赞美呢？比如下面的话：

“我觉得你早期的作品率直可是过于感性，而后期的作品不但真诚而且理性，并且更具有思想性。”

“我记得你以前的车技一般，现在怎么开得这么好啊！”

“最初我觉得你这个人有些清高，不过时间长了，我发现你其实是挺随和的一个人，我喜欢你这样的人，比较真实。”

但是，在运用这个方法时，需要注意的是，前面的否定是为了后面的肯定做铺垫。因此，若前面抑得过低的话，后面必须扬得意外，才会有好的效果。

有一个关于唐伯虎的民间故事说的就是这个道理。

一豪绅为了给老母祝寿，大摆筵席，请唐伯虎赴宴。酒酣耳热之际，各位宾客都纷纷表示祝贺，说了很多华贵的贺词。此时，再美好的辞令也会显得很平常。

这时，唐伯虎来了一回“耸人听闻”，他为主人献上了一首诗。只见唐伯虎慢条斯理地对着寿星念道：“这个婆娘不是人。”听完这第一句话后，在场所有的人都大吃一惊。大家都以为是唐伯虎醉酒失礼，正当大家不知该怎么办时，唐伯虎又慢悠悠地来了一句：“九天仙女下凡尘。”

顿时，各位宾客赶紧拍掌称绝。谁知唐伯虎接着又说道：“生下儿女都是贼。”这刚刚缓和的神经又绷紧了，大家又被镇住了，默不作声，听他接着说下一句：“偷得蟠桃献母亲。”大家又都鼓起了热烈的掌声。

唐伯虎就是用了先抑后扬式赞美，可以说是别出心裁，所以自然会语惊四座。可见，先抑后扬式赞美只要运用得好，同样能获得非常好的赞美效果。

及时赞美，不要错过赞美的保质期

赞美是对一个人的工作、能力、才干及其他积极因素的肯定。通过赞美，人们了解了自己的行为活动的结果。因此可以说，赞美是一种对自我行为的反馈。而反馈必须及时才能更好地发挥作用。

赞美一定要及时。比如，当单位里的一个同事被提拔当了处长，成了你的上级时，你第二天上班，一见面就应当立马上前打招呼说："你好，处长！"

如果你的职务和他对等，要想表示恭贺之意，你就可以这样说："王处长，祝贺你高升！"他就会笑呵呵地说道："谢谢，以后请多关照！"

如果你的职务比他高，也应当表达祝贺："小王，祝贺你当上处长！"对方当然会非常高兴地说："谢谢局长的关心，请您以后多多指导我！"

总之，赞美别人要善于把握机会，在恰当的时机表达赞美，才能收到相应的效果。否则，就像过了时的服装一样，根本引不起人的兴趣。

此外，在和别人聊天时，不能只顾着说自己想说的，要跟对方进行"互动"式的交流。如果对方谈到了自己的得意之事，那就是希望能够与你分享他的喜悦。这也可以看作是他准备接受你的赞美之词的信号。所以，这个时候你要把所有的事情都停下，接过话题顺势赞美一番，这样就能满足对方的心愿。

比如，对方拿出照片对你说："你看，这是我今年国庆假期去香港玩时照的。"你可以边看边赞叹："哎呀，这是你的照片啊，照得真好看！明年我也看看去……"假如你接过照片，随意地看了一眼就还给了对方，什么也没说，会显得不尊重对方，对方就会不高兴的。

再如，初次见面，问对方是哪里人。当对方说出自己的家乡后，你就应该接上话题："那个地方我去过，风景美，人更美……"或者说"我在电视上看到过那个地方，山美水美，是出人才的好地方……"如果你没有去过那个地方，也没在电视上看过，你可以这样说："我听说过那个地方……"

当你真诚地表达出自己的感受时，对方立刻就会产生一种亲切感，从而大大缩短了你和对方的心理距离。

除了赞美之词要及时以外，还应该细心地发现对方的变化，这样会让对方感觉到你是在关注他，会让他觉得他在你心目中很重要，从而满足人内心渴望受重视的小"虚荣"感。觉察到别人的变化，就要大胆地表达出来。对于新的变化，一定不要吝惜赞美之词。

比如，同事或朋友买了条漂亮的衣裙，在你面前晃了三圈，如果你不说话，那作为同事或朋友就显得太不合格了。因此，你要明白，一个人穿了新衣服，换了新发型，有了新的变化，他心底是非常希望让别人看见并称赞一番的。

然而，在日常生活中，有时也会出现变化还不如从前的事例，那作为朋友或同事，应当怎么说才合适呢？这点一定要慎重。要知道，一个人以新的形象出现在你面前，说明他对自己的新形象充满自信。此时，你就要指出你认为的不足之处。

因此，若他的变化与你的审美观不相符，你可以从别的角度来做一番正面的评价。下面这个事例中的凯文就说得很好。

凯文的领导，50多岁，平时习惯穿正装。突然有一天，他穿了一身运动服，并且颜色也不好看。凯文心想要夸他穿得好看吧，有点儿假，因为不是自己的真心话，可他又不能视而不见，他得表达出对领导的关注。领导这样穿一定有他的原因，或许他要参加一项体育活动，或者他想换个心情……于是，凯文说："经理，您这身穿起来真显年轻。"领导听了很高兴，走路的步子也轻快了许多，还真显得更有活力了。

总之，赞美也有保质期，你要适时地表达，而且要关注对方的变化，否则，赞美就变成了老套的陈词，让人听了跟没听一样，没有任何影响。

内行人的赞美会给人一种荣耀感

恰到好处的赞美奥妙无穷，“懂行”是一个重要法则。“懂行”的实质是抓住赞美的事和物的实质，不说外行话，让别人听起来在行、老练。许多人常犯外行的错误，见了什么都说好，见了谁都说高，有的是不懂装懂，有的是只知其一，不知其二，语言不到位，说不到点子上，切不中要害，缺乏力度。

做一个内行的赞美者，要懂专业知识。常言道：“隔行如隔山。”现代社会中，专业分工很细，各专业相对独立，自成相对封闭的系统。如果知识面窄，无疑就成了“门外汉”，找不到赞美的话题。如何令自己像个内行人呢？

首先，对某一行要有一定造诣，你的赞美才能令内行的人接受，并视你为知己。运用专业术语是一种技巧。俗语说，各行都有各行的行话。曲艺中有吹、拉、弹、唱，其中又有丰富的内涵；相声中有说、学、逗、唱；围棋中有边、角、星、目等；书法中有筋、骨、神、锋，这些都是某一领域中的“行话”。在一定的场合，你用专业术语予人以赞美，让人觉得你是“圈内人”，你的赞美才会让人觉得可信。

再者，内行的赞美还表现为独具慧眼。独具慧眼的赞美者善于发现别人发现不到的优点、长处。比如，面对一幅油画作品，几乎所有的人都异口同声地叹道："真是太绝了！""我再练十年恐怕也赶不上！"油画家对这样的恭维早就习以为常了。独有一位幽默地说道："常言说，画如其人。您的画运笔沉稳，是和您刚正不阿的秉性、对人生与社会的深刻思考分不开的。"谈画论人，在行在理，独辟蹊径，巧妙换了个新角度，令人耳目一新。

肤浅的赞美让人感到乏味与空洞，受到你赞美的人也丝毫引不起一种荣耀，并会在你的言语中产生一种不安与困惑；而见解深刻的赞美让人觉得你看到了问题的实质，你确确实实对被赞美者产生了认同感，而被赞美者也对你的一双慧眼抱以信赖，产生了与你积极沟通与交流的愿望。

用自己的不完美衬托他人的优越感

在日常生活和工作中，我们经常会看到这种情况：当有人做自我批评时，就会给别人留下一种诚实可信的印象，而且也能赢得大家的同情和支持。

为什么会这样呢？因为当你选择放低自己，把对方抬到高处的时候，就会让他觉得你特别谦虚真诚，从而也赢得了他的好感。

比如，在适当的场合，你可以谦虚地说：

“在这方面，我跟你差得远呢……”

“我怎么就不能像你一样……”

“我怎么就学不会呢？”

“你做菜的手艺真不错，菜太好吃了，这道菜我在家里怎么也做不好，你赶紧给我讲讲详细步骤吧……”

“你排版真是又快又好啊，学了多长时间？”“3个月。”“你学得可真快，我学了半年还不如你做得好呢。”

如果你采用上面的表达方式，就算你是一个“不善言辞”或者“不善于赞美别人”的人，也能轻而易举地达到高捧他人的目的。

再如，当你去参观朋友的新居时，你可以这样说：“这房子的布局很合理，室内的装修也很考究。我家的装修就不行，颜色没你家的好看，东西还很乱……”像这样把对方与自己作具体的比较，并技巧性地指出自己略差一些，对方就会因被人高捧而产生优越感，心中当然会高兴。

小徐是一位销售人员，在和某企业客户的总工洽谈合作事宜时，听说这位总工曾经是学医的，他立刻说道：“您是学医的呀，真不简单！我当年就想当医生，去考医学院时，由于分数不够没有考上。”

小徐用自己的经历来提升学医的高度，让那位总工感到他格外真诚。后来，那位总工遇人就夸小徐会说话，双方的合作也开展得非常顺利。

由此可见，采用这种“贬低自己”的方式，还可以让他人敞开心扉和你交谈。因为谦虚意味着尊重对方，它是人际关系的润滑剂。

另外，如果你是一个成功者，就要有所注意。因为成功者身上的光环会让周围的人黯淡无光，所以，成功的人经常会遭遇他人的忌妒，而谦虚可以消除别人对你的这种敌意。因此，当你春风得意的时候，千万不要在无关紧要的小事上争强好胜。此时的谦虚和恰到好处地露怯，会让自己更受欢迎。

总之，放低自己，其实也是一种赞美。所以在和别人聊天的时候，你不妨也适当地表现出自己的不完美，指出自己和对方的差距，把自己的失败经验作为话题，以此来增强对方的优越感，提升他的自尊心，他就会以更宽容的态度来对待你，从而坦然地接受你。

第三章

波特定律：批评时要拿捏好分寸

波特定律是英国行为学家L. W. 波特提出的，大概意思是：当一个人遭受到许多批评时，往往只会记住开头的几句，其余的就听不进去了，因为他们忙于思索论据来反驳开头的批评。这给我们的启示是在批评时要拿捏好分寸，与此同时要讲究方法，只有这样才能让批评更有效果。

让批评者甜在嘴里、痛在心上

在人的一生中，有时难免要责骂别人，如果真的非骂人不可，最好能同时备点甜头，让被骂者即使痛在心上，还能甜在嘴里。

松下电器公司的创始人松下幸之助，除了在企业经营方面有独到的经营哲学，同时也善于用人，即使是骂人，也能骂得员工心服口服。

后藤清一是三洋电机的前副董事长，过去曾任职于松下公司。有一天，后藤清一因为犯了错，被叫到松下幸之助的办公室接受训话。松下幸之助见到他后，犹如火山喷发，非常生气地斥责了他，由于过于激动，松下幸之助甚至用手上拿的打孔机来敲桌子，直到把打孔机敲歪了。

松下幸之助心情恢复平和之后，对后藤清一说道："很抱歉，刚才我太生气了，所以把打孔机敲歪了，你可不可以把它扳直呢？"

后藤清一挨骂后，原本只想赶快离开董事长的办公室，无奈之下只好接受要求，拿着打孔机在一旁敲敲打打，慢慢地将它扳直，心情也平静了许多。

松下幸之助对后藤清一称赞道："你做得很棒，简直跟原先的一模一样！”

后藤清一离开后，松下幸之助就悄悄地打通了电话到他家里，对他的老婆说：“今天你丈夫回家后心情可能不太好，麻烦你多安慰他。”

当后藤清一带着满肚子的委屈回到家时，他原想告诉老婆打算辞职不干，没想到董事长却早已事先交代安抚措施，让后藤清一更加佩服，也激起了他对松下幸之助更大的忠心。

松下幸之助更大的聪明在于，他在责备时掌握了更好的分寸，让员工体会他爱之深、责之切的心情，从而更心甘情愿地为他工作。

如果要责骂他人，你一样要替对方保留颜面，同时对事不对人，之后也要懂得道歉，并适时安慰对方，让其有被信任的感觉，这样才能创造更好的互动关系。

责骂他人时要注意以下几点：不在大庭广众之下怒斥别人，维护他人的尊严；怒斥时应尽快切入重点，让别人觉得挨骂是为了全体的利益着想，而非针对个人；转移话题，让别人有台阶下；懂得道歉，并且适时地称赞他人，让别人有被信任的感觉；事后采取安慰的措施，创造更良好的关系。

批评前给对方一点儿甜头

在批评别人时，如果我们一上来就开始发牢骚，势必会让对方产生抵触情绪，对你的批评也难以听进去。即使表面上接受，也未必说明你已经达到了批评的目的。

布诺亲王早在1909年就已深切地感受到利用这种方法的重要。当时，德皇威廉二世在位，他目空一切，高傲自大。他建设陆、海军，欲与全世界为敌。于是，一件惊人的事情发生了！德皇说了许多令人难以置信的话，震惊了整个欧洲，甚至影响到世界。最糟糕的是，德皇还在到英国做客时将这些可笑、自傲、荒谬的言论当众发表出来，而且还允许《每日电讯》照原意在报上公开发表。

比如，他说他是唯一一个对英国感觉友善的德国人；他正在建造海军来对付日本。威廉二世还表示，凭借他的力量，完全能使英国不屈辱于法、俄两国的威胁之下。他还说，由于他的计划，英国诺伯特爵士才能在南非战胜荷兰人。

在当时的和平时期，欧洲没有一位国王会说出这样的话。从那时起，欧洲各国顿时哗然。英国人非常愤怒，而德国的那些政客们更为之震惊。

事后，德皇也渐渐感到了事态的严重，为了解脱自己，他只能请布诺亲王代他受过，宣称一切都是他的责任，是他建议德皇说出那些话来的。

可是，布诺亲王却当即反驳说，德国人或英国人不会相信这是布诺亲王的主意。布诺亲王说出这话后，也马上发现自己犯了一个严重的错误。果然，他激怒了德皇。德皇认为布诺亲王在辱骂他。

布诺亲王原本知道应该先称赞，然后再指出他的错误，可是为时已晚。没办法，他只好做第二步努力：在批评后，再加以赞美。结果，奇迹立刻出现了。

布诺亲王开始夸奖德皇，说他知识渊博，远比自己聪明，德皇脸上慢慢地露出了笑容。布诺亲王抬高了德皇，贬低了自己。经布诺解释后，德皇宽恕了他，原谅了他。最后，德皇只好自己去收场。

我们都知道，赞美既能让人谦虚，又能建立友善的气氛。在批评别人前，应先提及别人的优点，对他赞美一番，这样，可使人感到轻松愉快，消除刺激和敌意，使后面的批评更易于被接受。

每个人都需要真诚的赞美，也需要善意的批评。赞美是鼓励，批评是督促；赞美如阳光，批评如雨露，二者缺一不可。所以，要想让对方接受你的批评，改正错误，就必须在批评前先给对方点儿“甜头”，然后再给他批评的“苦头”，这样才会让你的批评更有效。

裹上“糖衣”的批评不伤人

在言谈中，有驾驭语言功力的人，就会灵活自如地运用多种表达方式，不断探索多种语言风格。有些话，非直言不讳不行，但生活中并非处处都要“直”，特别是批评别人时，为了不伤害他人的自尊，有时就要含蓄、委婉，这样的语言表达效果会更佳。

王小姐是一家卡车经销商的服务经理。在她的公司里，有一位员工的工作每况愈下。然而，王小姐并没有对他大骂或者威胁，而是把他叫到办公室，跟他进行了坦诚的交谈。

王小姐是这样说的：“你是一位很棒的技工，你在现在的这条生产线上工作也有好几年了，你修出来的车子也都很让顾客满意。事实上，有很多人都赞扬你的技术很好。只是最近，你完成一件工作所需的时间好像加长了，而且你的质量也比不上以前的水准。你以前真是一位杰出的技工，我想，你一定也知道，我对现在这种情况不太满意。也许，我们可以一起来想一个办法改正这个问题。你认为呢？”

员工说：“王经理，这段时间我是有些怠慢自己的工作，非常感谢您给我改正的机会，我向您保证，我一定会胜任接下来的所有工作，我以后一定要改进它。”果然从此以后这位员工工作非常用心，也非常出色。

王小姐在对员工进行了真诚的赞美之后，又加上了“只是”两个字，然后话锋一转再吐露自己的真实想法。这样既照顾了员工的面子，又表露了自己的想法，可谓一举两得。

奥斯特洛夫斯基说过：“批评，这是正常的血液循环，没有它就不免有停滞和生病的现象。”可见，批评在人际交往中是非常必要的。当然，批评也要讲究技巧，在开展批评时，一定要讲究方法，否则将难以达到预期的效果。如果给批评的话裹上一层“糖衣”，让他放松下来，然后再开始你的慷慨陈词，这样往往能达到比较好的效果。

诚恳是批评者应有的姿态

与人共事，不可能那么一帆风顺，总会有别人出错时需要你提出批评指示。这时，你若批评指正不当不仅达不到目的，还会产生副作用。

有一个爱好摄影的人，拿了一叠他自己的摄影作品去拜访一位摄影家，请他批评指正。摄影家把他的作品看了一遍，很热心地告诉他哪一张曝光时间长了一些，哪一张光圈小了一些，哪一张取景需要变换角度……当这位摄影家正在指正的时候，来请教的人总是找一番理由来为自己辩护。不是说当时天气不佳，就是说取景时找不到合适的立足之地等，如此啰唆半天。

当那个摄影爱好者走了以后，摄影家觉得既好气又好笑。他说："我真傻，何必说那么多的话呢。"其实这种结果是完全能想象得到的，现在有些青年人就是不愿意虚心接受批评。

先承认自己有错，然后再指出别人的错误，令人易接受。人们做错了事，或做了吃亏的事，除非他自己主动告诉你时，才会坦白地承认错误，但如果是你主动指出他的错误，那么他一定会找出种种理由加以辩解。你可以在周围的朋友或家人中试试看，无论是小疏忽还是大错误，没有几个人能在别人指出后立即坦率地、不为自己解释地承认错误。所以，批评他人时，一定要讲究方法，态度要诚恳。

虽然是批评，也要给人一个台阶下

在劝说别人的时候，不要轻易说“你错了”，尤其是千万不要强迫人家当面承认错误，而是要采取一些温和委婉的形式，巧妙地暗示出他错在哪儿了。

一次，英国首相丘吉尔和夫人克莱门蒂娜一同出席某要人举行的晚宴。酒席间，一位著名的外国外交官将一只自己很喜欢的小银盘偷偷塞入怀里，但他这个小小的举动被细心的女主人发现了，她很着急，因为那只小银盘是她心爱的一套古董中的一部分，对她来说很重要。

怎么办？女主人灵机一动，想到求助于丘吉尔夫人把银盘“夺”回来，于是她把这件事告诉了丘吉尔夫人。

丘吉尔夫人略加思索，向丈夫耳语一番。只见丘吉尔微笑着点点头，随即用餐巾做掩护，也“窃取”了一只小银盘，然后走近那位外交官，很神秘地掏出口袋里的小银盘说：“我也拿了一只同样的小银盘，不过我们的衣服已经被弄脏了，所以应该把它放回去。”

外交官听了，立即领会了他的意思，连忙表示完全赞同。于是，两人将盘子放回了桌上，小银盘物归原主。

其实，批评对任何一个人来说，都是一件令人难为情的事情，尤其当着很多人的面，会更让人感到尴尬，甚至受伤害。实际上，批评的真正目的并不在于将对方批得体无完肤，彻底地打败对方，而是为了纠正对方的错误，杜绝今后再犯错。那么，批评的方式和场合就显得尤为重要。如果我们不分场合地批评对方，被批评者永远只会怪罪于你，甚至会对你进行反击，来证明他的正确，以维护他的自尊，而绝不可能反躬自省、承认错误。

巧用暗示法指出别人的错误

常言道："良药苦口，忠言逆耳。"无论何人，对别人的忠言或劝告，往往难以接受。如何才能找出一种正确的批评方法，使忠言不逆耳呢？

办公室的小张和小李特别能抽烟，而同一办公室的其他同事都受不了烟味。后来，一位同事陈小姐得了重感冒，更是闻不了烟味，于是她的好友赵小姐借这个机会巧妙地指出了张、李二位同事在办公室内吸烟的错误做法。

赵小姐是这样说的："昨天我陪小陈去医院看病，大夫说最近流行重感冒，严重的还能引起其他疾病。医生特别强调了感冒患者应远离烟味，就是正常人经常吸烟或吸二手烟都不行，所以一般的公共场合都严禁吸烟。为了大家共同的健康，我建议咱们办公室内部也实行这种政策吧。不过，这就要委屈小张和小李了，你们俩以后可以到外边那间屋子里抽烟，当然为了你们的身体着想，你们还是少抽为好。"

经过赵小姐这样一番劝说，小张和小李意识到了自己抽烟对他人的影响，并且也觉得自己每天吸那么多烟确实对身体不好，于是他们二人毅然决定戒烟。

卡耐基说得好："如果经过一两分钟的思考，说一句或两句体谅的话，对他人的态度做宽大的了解，都可以减少对别人的伤害，保住他人的面子。"因此，当你要批评他人时，请事先冷静地想一想，采用什么样的方法，既达到指出他人过失、使当事者受到教育的效果，又不让别人丢了面子、伤了自尊。当面指责他人，只会遭到对方顽强的反抗，而巧妙地暗示对方注意自己的错误，则会受到爱戴和喜欢。

有一天，查尔斯·斯科尔特经过受他管理的美国钢铁公司的一家钢铁厂。当时是中午，他看见几位工人正在抽烟，而在他们的头上，正好有一块大牌子，上面写着"禁止吸烟"。如果你是斯科尔特，你会怎么做？会不会走上前去，指着那个大牌子说："你们不识字吗？"

很多管理者会这样做的。但是，斯科尔特没有这样做。他走向那些人，递给他们每个人一根雪茄，然后说："各位，如果你们可以到外面去抽这些雪茄，我将感激不尽。"工人们立刻意识到自己违反了规定，同时，他们也更加敬重斯科尔特了。

如果你遇到了斯科尔特这样的总经理，看到你违反了公司规定在抽烟，却还送给你小礼物，并对你很有礼貌，让你受到尊重，你会不喜欢这样的人吗？

要想改变一个人而又不伤感情，甚至让对方感激和更喜欢你，最有效的方法是，用赞美的方式间接暗示对方，提醒其注意自己犯的错误。

第四章

▽

比林定律：该说“不”时绝不犹豫

▽
▽

比林定律，就是要学会在恰当的时机，选择恰当的方式表达拒绝，这样你的人生才会变得更轻松。喜剧大师卓别林曾经说过这样一句话：“学会说‘不’吧！那样，你的生活将会美好得多。”

突破心理障碍，别让不好意思拒绝害了你

很多人在想要拒绝对方的时候，会产生一种“不好意思”的心理。这种心理阻碍了人们把拒绝的话说出口。由于这种矛盾的心情，态度上就不那么明朗，说话吞吞吐吐，欲言又止，欲藏又露。在这种心理的制约下，最终往往是依照对方的意图行事。即使拒绝了对方，其态度也容易使对方产生误解，认为你是拿架子，不够朋友。

国外研究拒绝艺术的专家强调，要建立这样一种意识：你有权利说“不”，你不必因为对人拒绝了一件事而感到不好意思。这样，你在拒绝时就会心情坦然、举止大方、态度明朗，避免被误解和猜疑。

即使对方开始会对你的拒绝产生一点儿失望和遗憾，但由于你的态度、表情向对方表明你是坦诚的，使对方受到感染，容易弱化对方心中的不快。如果你自己都觉得拒绝不应该，心里发虚，那么你的态度、表情就会迟疑不决，对方也会觉得你拒绝的理由是不可信的。

在服装店，你挑选了一件衬衣，样式和做工都令人满意，但你却觉得价钱太高了，但看到售货员的热情服务，你又不好意思不

买。售货员就是利用你的这种心理，越是看到你在犹豫，就服务得越热情、越周到，帮你量好尺寸、试大小，甚至包装好，放进你的购物袋里，造成既成事实。

初次交女朋友，你也许会感到左右为难，因为她的某个方面实在让你不能接受。但是，由于是你的上司介绍的，或者是上司的女儿，使你在拒绝上产生了犹豫，虽然每次会面都使你感到不舒服、不愉快，恨不得逃得远远的，但你一想到姑娘的身份、上司的威严，你就不得不仔细斟酌。

不知生活中有多少人因为不好意思说出那个“不”字，而买了不称心的衬衫，答应了自己办不到的事情，耽误了自己的前程。

抢先一步，把对方的要求堵在嘴里

运用先发制人这一招，重在一个“先”字，贵在一个“制”字。在你知道了别人将要说一些对你不利的话或让你办一些你不想办的事情时，你不妨抢先开口，或封、或堵、或围、或压、或劝、或截。这样就能牢牢掌握交际的主动权，把对方的要求堵在嘴里，达到拒绝对方的目的。

曹操一直都在准备攻打吴国。吴国主将周瑜足智多谋、精通兵法，是曹操灭吴的一大障碍。曹操就派蒋干去东吴说劝周瑜。蒋干风尘仆仆地到了江东。周瑜听说蒋干来了，就知道他来干什么。于是决定来个先发制人，挫败蒋干的企图。

两人一见面，周瑜就开门见山地说：“子翼不辞辛苦远道而来，是为曹操做说客的吧？”蒋干没想到周瑜竟有这一手，犹豫了好久，方说道：“老朋友相逢，你怎能说这话呢？”席间，周瑜又对众将说：“这是我的同窗好友，虽然从江北来，但不是曹操的说客——你们不要怀疑。”并解下佩剑交给太史慈说：“你佩上我的剑作监酒，今天宴饮，只叙朋友交情，如有谁提起曹操和东吴军旅之事，就斩下他的首级。”蒋干大吃一惊，于是再不敢开口提劝降之事。

宴后，周瑜拉着蒋干的手说：“大丈夫生在世上，遇到知己之主，外托君臣之义，内结骨肉之恩，言必听，计必从，祸福与共，即使是苏秦、张仪、陆贾、郦生那样的人再生，口若悬河，舌如利剑，又怎么能说动我的心呢？”就这样，周瑜采用先发制人的策略，让蒋干始终不敢提起半句劝降的话。

认真分析上面的故事，可以看出周瑜先发制人的策略有这样几个特点。

（1）先封。他抢先一步，单刀直入，直接点破蒋干来吴的企图，先封死蒋干的口，让其不便开口。

（2）再压。在酒席上，他派太史慈作监酒官，并且明定“只叙朋友交情，如有谁提起曹操和东吴军旅之事，就斩了谁的首级”，让蒋干慑于军令而不敢开口。

（3）后围。用“大丈夫生在世上……”等话来堵蒋干的口。这番话慷慨激昂，等于告诉蒋干，大丈夫就应该这样，只有小人才会反其道而行之。如果蒋干不识时务，硬要说出劝降的话来，岂不是把周瑜和他自己都当成小人吗？这就让蒋干更加难以启齿了。

（4）顺势说出了“即使是苏秦、张仪……又怎能说动我的心呢？”暗示蒋干不需开口，不必枉费心机、白费口舌了。这样一环扣一环，自始至终压住蒋干，使他欲说不能，欲说无词，计划全盘落空。

不好直接拒绝，就用别人的意思做挡箭牌

“不”字谁都会说，但怎样说才能既不伤害对方，又不使自己为难，却不是每个人都能做到的。拒绝他人，最困难的就是在不便说出真实的原因时又找到可信而合理的借口。既然如此，我们不妨在别人身上动脑筋，比如以家人为借口。

当一名推销员上门推销时，一个女士拒绝的态度礼貌而坚定：“我婆婆不让我在家门前买任何东西。”我不买你的商品，不是因为我不愿意掏腰包，而是为了保持和婆婆良好的关系。这样一来，推销员既不会因为你没买他的商品而怨恨你，同时也感到再说下去也是白费口舌，只好作罢。

以别人的身份表示拒绝，这种方法看似推卸责任，却很容易被人理解：既然爱莫能助，也就不便勉强。

某造纸厂的销售人员去一所大学销售纸张，销售人员找到他熟悉的这所大学的总务处长，恳求他订货。总务处长彬彬有礼地说：“实在对不起，我们学校已同一家国营造纸厂签订了长期购买合同，学校规定再不向其他任何单位购买纸张了，我也是按照规定办事。”

拒绝不是总务处长的意思，责任已经全部推到“学校”那里，学校的规定，谁也无法违反，事情就这么简单。

人处在一个大的社会背景中，互相制约的因素很多，为什么不选择一个盾牌来挡一挡呢？比如：有人求你办事，假如你是领导成员之一，你可以说，我们单位是集体决定这些事情的，像刚才的事，需要大家讨论才能决定。不过，这件事恐怕很难通过，最好还是别抱什么希望，如果你实在要坚持的话，待大家讨论后再说，我个人说了不算数。这就是推托之词，把矛盾引向了另外的地方，意思是不是我不给你办，而是我决定不了。请托者听到这样的话，一般都会打退堂鼓。

利用“别人的意思”表示拒绝的好处在于：第一，容易被人理解和接受；第二，让对方觉得你诚恳，自然不会再刁难你；第三，表现出一种对决策的无权控制，从而全身而退。

不便拒绝时不妨说一句“等等吧”

对许多人来说，拒绝别人是一件很难办的事。当别人提出请求时，一般人不好意思张口说“不”，因为怕伤害到对方的感情，造成两个人的关系疏远。可是，有些时候，我们为了避免多余的困扰，对一些不合理或不符合自己心意的事又不得不拒绝。那么，怎样拒绝才能不伤害到对方的自尊心呢？

当对方提出请求后，你不用当场就拒绝，可以这样说：“让我再考虑一下，明天答复你吧。”这样，不仅赢得了考虑如何答复的时间，还会让对方认为我们是认真对待这个请求的。

某单位一名职工找到车间主任说想要调换工种。车间主任心里明白，调不了，可他并没有马上回答说“不可能”，而是说：“这个问题涉及好几个人，不是我一个人能决定。这样，我把你的要求报上去，让厂部领导商讨一下，过几天再答复你，好吗？”

车间主任这样的回答可以让对方明白，调换工种不是一件简单的事情，存在着两种可能，就能让对方做好思想准备，这样就比当场回绝的效果要好很多。

某位作家接到老朋友打来的电话，邀请他到某大学演讲，作家是这样回答的："你能想到我，我非常高兴，等我查一下我的日程安排，我会很快回电给你的。"

这样说，即便作家表示不能到场，他也就有了充足的时间去化解某些可能产生的内疚感，而且还能让对方平静地接受。

一家汽车公司的销售主管，在与一个大买主谈生意时，这位买主突然说想要看看该汽车公司的成本分析数字。这些数据是公司的绝密资料，是绝对不能给外人看的。可是，如果不给这位买主看，势必会影响两家的和气，甚至会失去这位大买主。销售主管想了想，说："这个……好吧，下次有机会我给您带来吧。"知趣的买主听后，便不再纠缠他了。

这位销售主管并没有直接说"不行""这不可能"之类的话，但是他的话里婉转地说出了"不"。

王剑夫妻两个人跟银行贷了些款，开了一家土杂日用品商店，两个人起早贪黑，把商店办得红红火火，收入颇丰，生活自然有了起色。王剑的叔叔是一个游手好闲的赌鬼。这段时间，由于手气不好，他把钱全输了，可是他又不服气，想着把本钱扳回来，又苦于没钱了，于是他就把目光瞄准了侄子的店铺，打定了主意。

一天，王剑的叔叔来到店里对王剑说："我最近想买辆摩托车，可是手头有点儿紧，还缺5000元，你看能不能在你这儿借点周转，过段时间就还。”王剑了解叔叔的嗜好，如果把钱借给他，无疑是肉包子打狗——有去无回。何况店里用钱也紧，于是就敷衍他说：“好，再过一段时间，等我有钱把银行到期的贷款还了，就给您，银行的钱可是拖不起的。”叔叔听侄子这么说，没有办法，自己知趣地走了。

王剑没说不借，也没说马上就借，而是说过一段时间，等把银行贷款还完后再借。这句话里含有多层意思：第一，现在没有钱，不能借；第二，我也不富有；第三，过一段时间不是确指，到时借不借再说。叔叔听后心里就已经全明白了，但是他并不会心生怨恨，因为王剑并没有说不借给他，只是过一段时间再说而已，给了他希望。

可见，把事情巧妙地一带而过，比正面直接拒绝既有效而又不伤和气，只有这样，才能缓解对方当时急迫的情绪。

让“逐客令”充满人情味

逐客是一种特殊的应酬。要把这种应酬做得完美，必须掌握两条原则：一是要有情；二是要有效。无论使用何种方法逐客，主人都必须不失热情，切忌用冰冷的表情和尖刻刺耳的语言伤害对方，也不宜用爱搭不理的方式表示厌烦之意，免得以后见面时尴尬。

鲁迅说过：“无端地空耗别人的时间，无异于谋财害命。”你一定不愿意让别人对你这样“谋财害命”吧，那么该怎么办呢？

最好的处理方法就是运用高超的语言技巧，把“逐客令”说得美妙动听，做到两全其美：既不伤害说话者的自尊心，又能让其知趣。也就是说，要把“逐客令”下得充满人情味。

1. 以婉代直

你可以用婉言柔语来提醒、暗示滔滔不绝的人，让他明白你并没有多余的时间跟他闲聊。与冷酷无情直接拒绝的方法相比，这种方法更容易让对方接受。

下班后，几个年轻人去拜访某位女教授。谈到夜深，这位女教授接着一个年轻人的话说：“你提的这个问题很值得研究，明天我要去上海参加一个学术讨论会，准备就这个问题找几位专家聊聊。”

几位学生听完教授这话，立刻起身告辞："很抱歉，不知您明天还要出差，耽误您休息了。"

这位女教授第二天要出差，需要早点儿休息，但碍于情面，又不好直言辞客，于是接过对方话题一兜，用委婉的语言暗示对方自己需要休息了，既达到了辞客的目的，又委婉得体而不失礼仪。如果女教授直言明天有事，改日再谈，虽可以达到辞客的目的，但却易置对方于较为尴尬的处境，也有损教授和蔼的形象。

2. 以热代冷

这种方法就是用热情的言语及周到的招待来代替冷若冰霜的表情，让好聊者在"特别热情"的主人面前感到不好意思再多登门。每当闲聊者登门时，你就笑脸相迎，沏好香茶，拿出点心、水果，对他客气有加，这样他就会吓得以后不敢再贸然前来。通常来说，你用接待贵宾的高规格来接待他，他也不敢老是以"贵宾"自居。

实际上，过分热情的实质就是冷待。这就是生活辩证法。但以热代冷，既不失礼，还能达到"逐客"的目的，效果之好，不言自明。

3. 以疏代堵

喜欢闲聊的人，大部分都是想用嚼舌来消磨时间的，原因在于他们既无大志又缺乏高雅的兴趣爱好。如果改用疏导法，让他能有计划地完成一些事情，他就没有时间光顾你这里了。显然，以疏代堵的方法能从根本上防止闲聊者上门干扰。

那么，应当怎样疏导呢？

如果他是青年，你可以用激励的方法疏导他，比如对他说："人生一世，多学些东西是很有必要的，有真才实学才能过上更好的生活。你不妨多抽点儿时间学点你感兴趣的东西，充实自己。"

如果他是老年人，你可以根据他的自身条件，诱导他培养某种兴趣爱好，比如养花、读书、练习书法等。不妨对他说："田伯伯，您的毛笔字功底真是不错，如果能再上一层楼，完全可以参加全市书法大赛啦！"这话一定会让他欣喜万分，跃跃欲试。一旦他有了兴趣，就算你请他来你这儿，他都不会再来了。

4. 以攻代守

这种方法就是用主动出击的姿态堵住闲聊者的登门到访之路。首先，你要先了解一下对方一般会在什么时间来你家，然后，在他来访前一刻钟"杀"入他家。这样，你就由主人变成了客人，他则由客人变成了主人。这样，你就掌握了交谈时间的主动权。你去的次数一多，他就会被你黏在家里，本来打算去你家的习惯很快就会改变。一段时间过后，他很有可能就不会再"重蹈覆辙"了。以攻代守，先发制人，这是一种特殊形式的逐客令。

如何有礼貌地拒绝追求者且不伤害他

男女之间的爱慕和追求是很正常的现象，可是爱情并不是游戏，需要男女双方都必须具有一定的责任感。感情这个东西，是不可以勉强的，所以如果无法接受追求者的感情，就要果断地拒绝。否则，不仅会耽误对方的时间，还会使自己的恋爱变得复杂化，甚至可能造成严重的后果。因此，采用这样的处理方式，既是对自己负责，也是对对方负责。

那么，当你面对无缘的爱恋时，应当怎样巧妙地回绝呢？

1．态度要诚恳

语言是表达爱情的一种方式，当对方向你吐露心迹，这种真挚炽热的情感是圣洁美好的。也许是对方克服了巨大的心理障碍，鼓足勇气才说出来的。可是，当你无法答应对方的爱恋时，如果断然拒绝，很容易让对方受到伤害，甚至会让对方痛不欲生，或者采取极端的手段来抚平自己的创伤。因此，作为被追求者，在拒绝对方时，一定要表现出真诚友善的态度，吐出肺腑之言，让对方从“细微之处见真情”。

《简·爱》一书中，当简·爱的表哥牧师圣约翰向她求爱时，尽管牧师救过她的命，而这时孤单的简·爱也确实需要依傍，但她非常清楚，友情不等于爱情。她说："我答应作为你的传教伴侣和你同去，但我不能做你的妻子，我不能嫁给你。"

对圣约翰来说，可能他当时很痛苦，但简·爱的语言真诚而友善，对方只能友好地退步。

2. 先肯定，后回绝

对方忘不了你，是因为你的魅力深深地吸引着对方。你不妨反其道而行之，先正面赞美对方的优点，真言实语，善意作答，再道出自己的不足之处，以此回绝。

王强对李梅产生了眷恋之情。面对王强的倾慕之情，李梅说："你既聪颖，又上进，像你这样的小伙子可以说是人见人爱。但我坦诚地说，我已经有了意中人。我深信在众多的女孩子中你一定能找到你的真爱。"

此番回绝，语重心长，爱与被爱表露得淋漓尽致，真挚的情感溢于言表，既淳朴又厚道。于是，王强不再向李梅倾情。

3. 借物喻人，委婉回绝

有些时候，拒绝对方的感情需要采用委婉的方式。这样，不但能达到自己拒绝的目的，也不至于让场面尴尬，造成不愉快。你可以抓住生活中一些特有的事物，让它富有寓意，也能收到四两拨千斤的效果，但回绝时应当尽量委婉些、谦逊些，让对方自知其意。

一个姑娘与小伙子第一次处“对象”后，就有否决之意。没料到，第二天小伙子竟然找到了姑娘的公司，邀请再次约会。姑娘婉拒道：“我现在正忙于公司的事务，实在抽不出身，真对不起，你请回吧！”下班后，姑娘发现小伙子还待在公司的门口，于是买了一个泡泡糖递给他，寒暄几句后便匆忙告辞。姑娘的这一举动使小伙子顿时醒悟，知道姑娘是借物喻人，借泡泡糖的易破裂来否定一厢情愿的爱，于是只好选择放手。

当然，对于那些你十分讨厌的人，或是心怀叵测的人，有时候直截了当地予以坚决回绝，往往会减少诸多不必要的麻烦。切记一句格言：“决不要道歉，决不要解释。”除非你的理由不容置疑。拒绝异性最聪明的方法是根本不用说任何理由。

怎样拒绝邀请又不驳人面子

在人与人的交往中，每个人都有被他人邀请的时候。可是，有的时候由于各种原因，你实在不想赴约。如果直截了当地说“不”，你又害怕会让对方感到失望和尴尬，怕伤了对方的感情，为此常常会给自己带来许多烦恼。

可见，面对别人的盛情邀请，要做到果断拒绝，真的很难，而且也不可取。所以说，我们应该学会用恰当、得体的语言去拒绝别人，给对方一个符合其期望的回答，即使是拒绝，也能让对方很容易接受。

那么，我们到底该如何巧妙应付，恰当地拒绝别人的邀请呢？

1. 在找借口中拒绝

如果你怕接受了别人的饭局邀请而喝多，之前可以偷偷地把手机设个闹铃，到时候闹铃一响，就说去接电话，出去半天不回，回来后再道歉。也可以借口说去洗手间，这样别人也不会有何异议。

2. 答非所问暗示拒绝

别人想邀请你做一件你不想做的事，可以采取答非所问的方式，巧妙地利用暗示的方法让对方知道，你对他的邀请不感兴趣，他就会知趣而退。

李娟在相亲派对上认识了一位男士，开始两人相处得还不错，但很快李娟就发觉两人并不合适，于是打算找一些借口断绝和对方往来。“下周末我们还去爬山怎么样？”分别的时候，那位男士又邀请李娟。“下周我们一直都要上班，周末也是。”“那就再下周吧！”“到时候再说，最近总是在周末出去玩，到周一上班都没什么精神，我要回去休息了。”对方马上意识到了李娟的意思，便没有继续和李娟联系了。

3. 用拖延时间的方式拒绝

如果对方是你的好朋友，你若担心直接拒绝可能会伤害到对方，那么不如采取拖延时间的方式来拒绝。比如，朋友说：“明天来我家玩吧。”可是你不想去，如果直接说“我没空，不想去”肯定不合适，不如说“明天不行，下次吧”达到的效果好。

4. 利用“第三者”拒绝

当别人有求于你、向你发出邀请，而你又不好当面拒绝，或自己亲口说不合适时，你可以利用第三方作为“中介”的方式，巧妙地转达拒绝，从而避免双方见面的难堪。

5. 模糊应答，回旋拒绝

模糊应答的功效在于，既给对方留下了一点儿希望之光，不至于太失望或太难堪，又给自己创设了一块“缓冲地带”，回旋余地大。

马芳当上某银行人事处处长后，一些人纷纷利用各种机会向她发出“盛情邀请”。她想，如果赴约既耽误工作，又容易给别有用心的人钻空子。于是，她想了个“模糊表态”的方法来应付。一次，某人利用自己过生日的机会请马处长“光临寒舍”。马芳不想赴这个宴，又不好拒绝，便说：“你定的那个日子正好是上级来检查工作的时候，这样吧，到时如果没有什么要紧事，我会抽空过去聚一下。”言下之意，要是有要紧事，或者没空，那就对不起了。这样一说，对方也就不能再讲什么了。

6. 用推托表示拒绝

如果朋友邀你周末去旅游，而你不想同他交往，但这理由又不能告诉他。你可以对他说：“旅游真是不错，我也很想去，可是我们周末要加班，真是对不起了。”用其他的事推掉不愿意做的事是比较常见的拒绝方式。

当接到别人的邀请时，你若想拒绝，可以按照以上几种方式尝试一下，这不仅能让你的人缘变得更好，还能显示你的修养。

怎么拒绝请求帮忙同时不伤人自尊

在社交活动中，常会发生这样的情况：当别人有求于你，而你出于各种原因不能接受，又不好直说“不行”“办不到”，这时该怎么巧妙地拒绝才能既不伤害对方的自尊心，又不伤双方的感情呢？

1. 把难处说出来

帮别人办事，如果是举手之劳的事，想必谁都会答应对方的请求，但有时我们所面对的事情往往并不如想象中那样容易。这时，我们也不要为难自己，应当把难处说出来让对方知道你拒绝他的原因。

2. 把对方的暗示挡回去

当对方提出请求后，你不要马上回复，而是应当先讲一些理由，诱使对方自动放弃原来提出的请求，以减少对方遭到拒绝后的不快。

有些求人的人，由于种种原因，不好意思直接开口，喜欢用暗示的方法来投石问路，这时你最好用暗示的话语去拒绝。

3. 让对方也理解你的苦衷

赵科长拿来厚厚一叠三四十页的稿纸对秘书小李说：“小李，请你今天把这一叠演讲稿抄一遍。”

小李看着厚厚的稿子，很为难地说：“这么多，抄得完吗？”

“抄不完吗？那请你另觅轻松的去处吧！”

也许科长正在气头上，于是小李被解雇了。

小李被解雇确实让人感到惋惜，不过这也是可以预料的。像他这样生硬地直接拒绝上级的要求，给上级的感觉是他在对抗，不服从指示，以致扫了上级的威信。因此，小李被解雇也就难免了。事实上，他可以马上先埋头抄，过一两个小时后，把抄好了的交给科长，再委婉地表示自己的困难，那样科长肯定会很满足于自己说话的威力，而且还会意识到自己的要求不合理，从而给他延长时限。如果小李这样做的话，他就不至于被解雇。

4. 说明利害关系

当遇到亲戚朋友委托你办事，而你又无法办到的时候，你可以对他说明利害关系，讲清楚道理，明确地加以拒绝。这样，他就会理解你，以后也不会再麻烦你了。

小亮的舅舅是一家石油厂的厂长。小亮跟朋友一起合开了一家加油站，想让舅舅给批点儿“等外油”，这样可以降低成本。

舅舅诚恳地对小亮说：“我是厂长，的确我打个招呼，你就可以买到‘等外油’。但我不能为你说这个话，这是几千人的厂子，不是我一个人的。我只有经营权，没有走后门的权力。你是我的外甥，你也不愿意看到我犯错误，而让大家指指点点吧。生活上有什么困难，我可以帮助你，这个要求我不能答应你，我不能用厂长的权力为亲属谋私利呀！”

小亮听了舅舅的话，什么话也没有了，从此他再也不给舅舅找类似的麻烦了。

5. 降低对方的期望

一般来说，大多数求你办事的人，都相信你有解决这个问题的能力，对你抱有很高的期望。在拒绝的时候，如果你多说自己的长处，或过分夸耀自己，就会在无意中抬高对方的期望，进而会增大拒绝的难度。如果适当地说一些自己的短处，就能降低对方的期望。在此基础上，抓住适当的机会多说说对方的长处，就能把对方求助的目标自然地转移过去。这样不仅能达到拒绝的目的，还能使求人者因得到一个好的建议而感到意外的惊喜，这样原有的失望和烦恼就会被欣慰心情所取代。

总之，当面对他人的开口求助，如果真是背离了原则或者自己确实很难办，就不妨把“不”字说出口。但要记住，找个有理有据的借口，表明你是真的无能为力。这样，彼此都可以接受，不至于把事情弄得很不愉快，而且求你办事的人以后也不会再三天两头地找你帮忙了。

第五章

▽

布朗定律：说服的关键在于获得心理认同

▽

▽

布朗定律是美国职业培训专家史蒂文·布朗提出的，意思是说，一旦找到了打开某人心锁的钥匙，往往就可以反复用这把钥匙去打开他的某些心锁。这就告诉我们，在说服他人时，无论对方是谁，只要你能够找到他的心锁，就能获得他的心理认同，从而在任何场合说服任何人。

劝说他人要遵循的 3 个原则

劝说是人际影响的一种形式，它表现为劝说者通过谈话让劝说对象理解并接受自己的观点。我们在和别人交往，尤其是和陌生人交往时，会有某些要达到的目的。而这些目的或多或少都需要对方接受自己，相信自己。因此，劝说的艺术是交往中不可缺少的。下面是劝说他人时要遵循的3个原则。

1．动之以情

顺利地接近被劝说者，使其产生愿意听从劝说的感情，是成功改变他人态度的基础。人是理智的动物，却常常做出缺乏理智的举动。从某种意义上说，人的行为是受外界的思想或建议影响的。比如在日常生活中，人们会不假思索地就把某种品牌列为最佳品牌，这就是因为受到了外界因素的影响。这就告诉我们要说服他人，就要动之以情，晓之以理。

2．消除他人的戒备心理

在与陌生人打交道的时候，双方都会存在一定的戒备心理，这种心理状态会影响双方自如地交往。所以，消除戒备状态、让人放松是首先要解决的问题。当交往对象持有顽固的见解时，直来直去地阐述自己的观点往往会碰壁，遇到这种情况最好采取“迂回战术”。

所谓的迂回战术就是把对方的注意力从他敏感的问题上引开，绕个弯子，再回到正题上来。这样可以消除对方的戒心，避免陷入僵局。

卡耐基曾经告诫人们：“与人交谈，要让对方接受自己的观点，不要先讨论双方不一致的问题，而要先强调，并且反复强调你们一致的事情。让对方一开始就说‘是’‘对的’，而不要让对方一开始就说‘不’。”

3. 严谨的逻辑性

劝说是说服，而不是压服，总需要通过摆事实、讲道理来进行论证。而论证是否有力很大程度上取决于话语的逻辑性。严谨有力的逻辑通常让对方无力辩驳，甚至能够起到对方自我说服的作用。

古希腊哲学家苏格拉底常常采用逻辑上的归谬法让他的学生认识到原来观点的错误。他提出一些问题让学生谈自己的观点，并不断地补充问题，诱导学生把错误的前提逐渐推到荒谬的结论。然后引导学生按照正确的逻辑思维，一步步通向自己的观点。这种方法引起了社会心理学家的兴趣，并在此基础上逐渐形成了一种劝说技巧——逻辑诱导法。

这种方法就是在劝说之前，先明确要改变对方什么态度，然后找一些和这种态度相背而对方又不得不承认的事实来发问，使对方处于两难推理中，要么否定自己原来的观点，要么否定自己眼前的事实。既然事实是无法否定的，就只能改变自己原来的观点。这样的逻辑诱导就达到了说服的目的。

采用迂回战术把说服的话讲清楚

在日常生活中，说服的事情几乎随处可见。母亲病了不肯到医院去动手术，要靠说服；痴情女失恋痛不欲生，要靠说服；年轻人不求上进作风浮躁，要靠说服。

进行有效说服的一个较好的策略是采取迂回战术，不从正面入手。直接说服容易让对方产生抵抗心理。所以，不妨从侧面打开缺口。

俄国伟大的十月革命刚刚胜利的时候，象征沙皇反动统治的皇宫被革命军队攻占了。当时，俄国的农民们打着火把叫嚷，要点燃这座举世闻名的建筑，将皇宫付之一炬，以解他们心中对沙皇的仇恨。一些有知识的革命工作人员出来劝说，但都无济于事。

列宁得知此消息后，立即赶到现场。面对着那些义愤填膺的农民，列宁很恳切地说："农民兄弟们，皇宫是可以烧的。但在点燃它之前，我有几句话要说，你们看可不可以呢？"

农民们一听这话，便知列宁并不反对他们烧，于是答道："完全可以。"

列宁问："请问这座房子原来住的是谁？"

“是沙皇统治者。”农民们大声地回答。

列宁又问：“那它又是谁修建起来的？”

农民们坚定地说：“是我们人民群众。”

“那么，既然是我们人民修建的，现在就让我们的人民代表住，你们说，可不可以呀？”

农民们点点头。

列宁再问：“那还烧吗？”

“不烧了！”农民们齐声答道。

皇宫终于保住了。

迁怒于物往往是情感朴实、思维简单化的一种表现，这时关键在于疏导。面对激愤的群众，列宁的五句循循善诱的问话，理清了农民们的思路，保住了这座举世闻名的建筑。他采取的步骤是，首先理解和赞同农民们的观点，这样可以争取到引导他们的时间和机会；其次，正本清源，使农民们懂得，皇宫原来是沙皇统治者居住的，但修建者却是人民群众，如今从沙皇手中夺过来回归人民群众，就应该让人民代表住，这个道理是可以说服人的，因此农民们点了点头。最后一问，是强化迂回诱导的结果，让农民们明确表态“皇宫不烧了”，从而完全达到了目的。

在说服的过程中，如果将道理讲得具体生动，引人思索，让他们觉得是这么个理儿，就能一步步循序渐进地将道理说明白。

以损失作诱因，让自己的说服理由更充分

人人都害怕损失。社会科学证实，人们面对同样数量的损失和收益时，能让他们产生更大的情绪波动的是损失。所以，我们在说服别人的时候，也要充分抓住对方的这种心理。

一位资深的销售代表说，他常常用这种方法促使销售成功，就是告诉客户，如果他（她）不购买产品的话，他（她）就会遇到怎样的麻烦或问题。或者暗示客户可能丧失某种或某些利益。

像很多商家开展的“限期促销活动”等，除了可以创造一种热烈的销售气氛之外，所谓的“限期”其实都在向客户传递一种“超过期限就不能享受如此优惠”的意义。而消费者也对商家有意无意传递的这种意义心知肚明，所以很多消费者都会选择在节假日或企业推出的促销活动期间进行“疯狂购物”，即使需要排队等待也乐此不疲。

加州大学的研究人员做过调查。他们告诉一组用户，通过能源节约，每天能省50美分。另一组用户则被告知，如果不节约能源，每天将损失50美分。结果节约用电的住户中，后者比前者要多出3倍。这个案例中的损失与收益是一样的，但以损失作诱因的方法却

增加了3倍的说服力。

当你明白这一点后，你就不再会为说服一位不愿意帮你做项目的同事苦恼了，当你在表示做这个项目是一个极好的锻炼机会之后，还一定要让他知道，如果不加入的话，他会失去什么。

例如："小王，如果你不加入这个项目的话，你将错过一个和新锐技术打交道的难得机会"相比"小王，你要是加入这个项目，就有可能获得更多的业绩，收入会提高，也会有升职的希望……"如果你是听者，你会被哪一种说法打动？

我们在日常的说服过程中，也应该巧妙利用有可能出现的损失作为诱因，抓住对方的心理，为自己的理由加大分量。

用事实说话，让你的说辞无法被反驳

最容易引人注意，加深对方的印象，并使人不会忘记的，莫过于将实物展现在人的面前。无论我们是在提议还是在劝告，让事实说话是能打动他人最简单的办法。

米切尔本是每周领10美元薪水的办事员，他后来当上了美国最大的一家银行的董事长。

当他还是一家证券公司的主任时，常常有证券销售人员跑到他的办公室，抱怨没有人买证券。每当发生这种事时，他从来不争辩，只是说："把你的帽子戴上，我们一起出去吃点儿什么。"

于是，他就借机会领着抱怨的人登上一座高耸的建筑，站在窗口往下看。

米切尔说："仔细看下去，那里有600万居民，他们的总收入有几十个亿。他们正等着有人到那里去告诉他们如何才能最好地利用他们的积蓄，好好看看吧。"

用这种方法，销售人员几乎无一例外地重新打起了精神。

米切尔的成功说服在于，他不只是用语言来鼓励那些意志消沉的销售人员，而是把事物都摆在他们面前，让他们用耳朵听，用眼睛看，去分析事实的真相。

“建筑之王”希尔也曾用这一招成就了自己非凡的事业：当年，希尔在承包已经破产的圣保罗城至太平洋沿岸的铁路公司时，迫切需要得到大银行家斯蒂芬的支持。

由于将要修筑的铁路延伸到广袤偏僻的草原上，斯蒂芬觉得，这样荒凉的地方根本就没有办法运营铁路，他一点儿兴趣也没有。希尔费尽了唇舌，他也始终不肯答应提供银行的贷款。

直到有一天，希尔将斯蒂芬拉上了一辆通往西部的火车，在终点站停下时，斯蒂芬改变了想法。

原来，火车的终点站四周聚集了很多人，由于火车到这里就结束了，各种运输车辆把小路挤得满满的。

看到这么多的人，斯蒂芬兴奋起来，他可以想象出一幅到这里大移民的情景了。这时，他变得非常友好，而且主动提出要与希尔合作。

我们注意到，当一种观念根深蒂固后，外人是很难用话语将它改变的。这时，要想改变一个人对一件事的偏见，就要找到与他观念相悖的事实，自然而然地引入这个事实，并在时机成熟时阐释它、发挥它，使之真正成为你的有力证据。

利用万能句型“如果我是你……”

据说日本有家电视台，每周设有一次关于人生问题讲座的节目，其收视率比其他同时段的节目要高出许多。……

收视率之所以偏高，当然有许多原因，其中或许有些人具有喜欢观看他人遭遇不幸的残酷心理。不过最主要的原因还是节目中巧妙的答话，令人百看不厌。

大多数有疑难问题而上电视请教的人，在刚开始时，大多会对解答者所做出的各种忠告提出反对意见或辩解，并且显得十分不情愿接受对方所言。但久而久之，不知不觉地对解答者所说的每一句话都会频频颔首称是。见了这些镜头，比起在电影院中观赏一部电影的感受要深得多。

电视台的主持人或问答者，无不是精挑细选的，所以光是听听他们的说服方式也会受益匪浅。

对于不易说服的人，最好的办法就是要让对方认为你与他是站在同一立场上的。通常出现在这个探讨有关人生问题的电视节目的观众，以离婚女子占多数，此时负责解答疑难者说的一句话：“如果我是你的话，我会原谅他的，而且绝不与他分手。”

千万别认为话中的“如果我是你”只是短短的、单纯的一句话而已，殊不知它发挥的效力是不可限量的。而这也是由于人人都有认为“自己是最可爱”的心理所致。

如果在说服中，无意间使用了一些不太得当的言辞，但由于你巧妙地运用这句“如果我是你”，从而弥补了言辞的过失。不仅如此，它还能促使对方自我反省，使对方感觉到唯有你的忠言，才是对他最有利的。这样一来，站在对方的立场上，使对方认为你视他的利益就如同自己的利益一样。

巧用激将法瓦解对方的固执情绪

人的心理有一种特性，往往越受到压迫，反抗心就越强。所以当对方达不到你希望的结果时，千万不可用“你不想做”，而必须以“你是因为能力差，不会做”来激发他，因为前者并没有刺激对方的自尊，后者却击中了他的要害，而对方为了挽回自尊，必然会努力做出成绩。

《三国演义》中，诸葛亮也经常使用激将法来达到自己的目的。在葭萌关一战中，诸葛亮也是使用故意贬低的方法，才使得张飞能够大败马超，获得了胜利。

据探子来报，马超率兵攻打葭萌关。此时，诸葛亮正和刘备在军中议事。当诸葛亮得知这个消息后，说：“只有张飞、赵云二位将军，方可对敌马超。”

刘备说：“子龙领兵在外，一时回不来，翼德现在这里，可以急速派遣他去迎战。”

诸葛亮说：“待会儿等张将军来时，主公先别说话，让我来激激他。”

诸葛亮话音刚落，张飞就大喊着走了进来。原来，他一听说马超前来攻关，就立刻过来主动请求出战。

诸葛亮佯装没有听到，转过身对刘备说：“马超智勇双全，无人可敌，除非前往荆州唤云长回来，方能对敌。”

张飞说：“军师为何如此小瞧我？我张飞曾单独抗拒曹操百万大军，难道还怕马超这个匹夫不成？”

诸葛亮说：“你在当阳拒水断桥，是因为曹操不知道虚实，若知虚实，你现在还能站在这里说话吗？马超英勇无比，并且老谋深算，天下无人不知。当年，他在渭桥六战中，把曹操杀得割须弃袍，差一点丧了命。这个人绝非等闲之辈，就是云长来了也未必能够战胜他。”

张飞一听，立刻怒火中烧，大声说道：“我现在就去，如果战胜不了马超，甘受军事处罚。”

诸葛亮看自己的激将法起了作用，便来了个顺水推舟，说：“既然张将军肯立军令状，便可以为先锋。”

结果张飞与马超在葭萌关下酣战了一昼夜，斗了220多个回合，虽然未分胜负，却减弱了马超的锐气。后来，诸葛亮施计，说服马超归顺刘备。

诸葛亮知道张飞脾气暴躁，并经常因此误事。所以，他常常用激将法来说服张飞。每当遇到重要战事，诸葛亮总是故意说张飞担当不了此任，或者说怕他贪杯误事，逼得张飞甘愿立下军令状。这样，就可以增强他的责任感和紧迫感，激发他的斗志和勇气，扫除轻敌思想。

在说服别人的时候，我们可以先用贬低对方的方式激起他的怒气和斗志，逼他发挥出最好的水平。这样，就可以达到自己的目的。

给予对方主角光环，让他自己说服自己

在很多时候，客观情况和经验提醒你，直接说服对方是很困难的，几乎没有成功的把握。这时，先把自己的动机隐藏起来，通过语言和心理攻势，巧妙地将对方拉入自己的阵营，将自己的希望和愿望变成对方的，说服自然水到渠成。

有一个拉广告赞助的赵先生，他的业绩特别出众。有人请教他的经验，他说："我一定要和对方见个面才使得出办法来，在电话里行不通。只要见个面，我就可以找出对方非接受不可的理由。"确实，很多不轻易出赞助的企业家一碰到他，都会被他说服。

赵先生的办法并不复杂：他总是想尽办法与对方见上一面。见面后也不提正事，而像没事的人一样与对方拉起家常，尽量使话题越谈越投机，最后，在适当的时候说："你这样一提，使我想起了……问题，你认为如何？"其实这个问题，在他们刚开始谈话的时候，赵先生就放在了心上。等对方中计发表意见之后，他就接着说："太好了！你的意见非常特别，就请你按照这个意见向贵公司宣传宣传吧！"这样一来，一般情况下，对方都会答应的，因为要宣传的东西刚刚自己都已经说了一遍。

在日常生活中，我们有时候并没有什么要求，只是想表达自己的意见，在这种情况下也可以用这种方法。例如："对！你这样说，倒使我想起……"或是"正如你所说的……"，等等，先用对方的话，再让他们说出自己的意见，这样就把你的想法变成他们的了，对方一旦以为自己是主角，当然会很快接受。

尤其在你想说服对方的时候，这种技巧显得更重要，因为如果直截了当地提出，对方会有压迫感，但若使用对方用过的表现法，就完全不同了。谈话时，即使主导权在于自己，也要不时地推崇对方一下，这样对方会更听你的话。

用荣誉感满足对方想得到肯定的欲望

每个人心中都有一种希望获得别人肯定的欲望，这也是促使人类产生干劲的能源。如果能利用这种心理作用，即使是一些令人提不起精神的琐事，或麻烦的工作，也能激起一个人的干劲。

有一所私立中学，在每年的旅行时，学校总要分一些事情给学生去做，但历年来被选出的学生都没有兴趣，或根本不想去做。直到有一年，学校把这些选出来的学生冠以“旅行委员”的头衔，结果，所有被选出来的学生都非常踊跃地抢着做。事实上，工作的内容完全不变，只是冠上了头衔而已。

头衔的功效，是针对一个人的荣誉感而产生的。法国历史上最伟大的军事家拿破仑就善于运用这种“赋予名号头衔”的方法。拿破仑曾经为他的军队定制了各种荣誉勋章，并颁发了1.5万个给他的部下，又把18个将军升为“法国元帅”，以及称他的军队为“无敌陆军”的时候，有人批评拿破仑用“玩具”捉弄、摆布饱受战争洗礼的老兵，而拿破仑则答道：“人就是被玩具所统领的。”

美国有一家全国性的卡车服务公司，只不过改了一下员工的头衔，便大大地提升了他们的服务质量。原来那家公司的管理阶层发现他们所送的货物中有万分之六会送错地方，这使得公司每年要额外赔上25万美元的损失，为此，公司特别聘请了戴明博士去给他们诊疗一番。根据戴明博士的观察，他发现这些送错的案子中太多是因为该公司的司机看错送货契约所致。为了能一劳永逸地消除这样的错误，提高公司的服务品质，戴明博士建议最好把这些工人或司机的头衔改为技术员。

一开始，公司觉得戴明博士的建议有些奇怪，难道把职位头衔改一改问题就能解决了？难道这么简单就可以提高服务水平？可是没有多久绩效就出现了，当那些司机的头衔改为技术员之后不到30天，先前万分之六的错误一下子便下降到了万分之一以下，也就是说，从此那家公司一年可以节省25万美元。

戴明博士的这种头衔赞美法，让员工感受到“我和别人做的工作不大一样”。这样，即使工作的内容没有改变，薪水没有增加，也能使他们产生干劲。

在现代社会里，以“头衔”作为诱导手段处处可见。如果你希望改变其他人的态度和举止，那么就请给他们一个美名，让他们为此而努力奋斗。

下篇

不同场合的心理学口才技巧

第六章

社交口才：运用心理策略破解尴尬局面

在社交过程中，难免会遇到尴尬问题，比如有时候自己说出来的话别人不愿意听，或者是产生了不理想的会话效果。一旦陷入尴尬局面，就会影响彼此之间的感情或者不利于事情的发展。因此，尽量避免语言的尴尬，也是我们在日常会话中的必修课程。

遇到难缠问题，不妨把意思模糊一下

模糊语言是一种十分高超的语言艺术，它指的是运用一种不确定的或者不精确的语言进行交际的方法。在我们的聊天过程中，适当地用模糊语言来表达自己的意思，往往能收到非常好的效果。

当我们在看望某个病人的时候，我们会对他说："你一定要好好地养病，这样，你的身体就会慢慢地康复。"我们和病人都不知道"慢慢"指的是多长时间。是一个小时、一天、一个星期，还是一个月？这无法由我们来决定，也不必由我们说清楚，但是我们要表达关心的意思，并且应说服病人安心地养病。在这种情况下，我们只能用这种模糊性的词语，才能达到效果。

如果你请一个人在会场中找你的朋友，你告诉他你的朋友具有以下特征：身高185厘米、腰围70厘米、肩宽37厘米，戴一副450度的近视眼镜，等等。你认为他能够找到吗？但是，如果你换一种方法描述，你用了比较模糊的字眼，如高大、大眼睛、浓眉、卷发等，这样效果会不会好些呢？

模糊语言的运用，通常体现在回答问题上。问题的提出者往往提出一些随机性非常强，并且包含的内容极为广泛的问题，使你不能准确回答。尤其是那些你不能直接回答，但是又不得不回答的问题，就需要用模糊语言进行回答。

某公司的经理说：“我们公司的绝大多数年轻人都是工作努力、积极上进的，但是还有个别的人并非如此。”这里的“绝大多数”是一个模糊的词语，因为没有一个具体的数字来说明什么是“绝大多数”。这是一种可以伸缩的判断语，既保存了大部分人的面子，同时也对那些“个别的人”进行了严厉的批评。

模糊语言的特点是模糊、似是而非。一方面，它令人捉摸不透说话内容的真正内涵；另一方面，因为没有具体的指向，因而就具有很大的伸缩性和变通性。当遇到一些在一定条件下不能解决的事情的时候，它可以变不可能为可能，使不相容的问题变得相容和一致。

必须要注意的是，模糊语言只是为了增强语言的适应性、灵活性以及生动性才出现的，它只是语言表达方式的一个重要的补充，而不是主体部分。一般情况下，我们还是要尽可能清晰地表达自己的观点。

最后，在运用模糊语言时，还必须注意以下事项：

（1）模糊的语言并不是含糊其辞，而是故意这么做的。它的使用具有目的性。

（2）在使用模糊词语的时候，一定要遵循适度的原则。

（3）不要使你的话有歧义或引起误解，不要伤害到别人。当然，我们也要注意运用模糊词语的不同场合。

（4）运用模糊的言语要做到简洁明快。模糊语言并不是重复啰唆和刻意地绕弯子。

自我解嘲是化解尴尬的高明手段

尴尬是在生活中遇到处境窘困、不易处理的场面而使人张口结舌、面红耳赤的一种心理紧张状态。在这种时候，人的感觉比受到公开的批评更使人难受，会引起面孔充血、心跳加快、讲话结巴等。

想象一下，当你正在眉飞色舞地向你的朋友讲述你怎样从池塘里钓上两条大鱼时，而你的妻子却在一旁插话说："别听他的！他钓了两天，一条小鱼的影子都没见着！那鱼是他花钱买的！"

你正在和新结识的女友吹嘘："我最近拍了一部戏，这是我头一次独立执导，故事非常精彩，上映后一定会引起轰动。"旁边却走过来一个朋友说："姑娘，别听他瞎编，他哪是什么导演，只是个场记而已！"

你正在帮助你的领导修理电视机："原因可能在天线，也可能是显像管出了毛病……"这时，你的同事走过来说："嗨，他只会拆零件。前天我那台彩电，没修前能看两个频道，让他一修，只能看一个频道了！"

妻子、朋友、同事有时会开玩笑似的揭你的“短”，弄得你有点下不来台。你想默认又觉得窝囊，你如果真的动气，别人还会说你没有涵养。可见，尴尬是人们在生活中不愿碰到且不得不碰到的，问题在于怎样应付。怎样从困境中摆脱出来？你不妨运用幽默的语言、滑稽的表情从这尴尬的处境中解脱。

萧伯纳有一次遇到一位胖得像酒桶似的牧师，他挖苦萧伯纳：“外国人看你这样干瘦，一定认为英国人都在饿肚皮。”

萧伯纳谦和地说：“外国人看到你这位英国人，一定可以找到饥饿的根源。”

受到责难之后，千万不要把时间花在思考对方抱有什么目的，或跟你过不去上面，更不能假设什么“深仇大恨”。这个时候，最好的办法就是学会自我解嘲。因为对方可能是出于个人说话习惯，对谁都这样，你若激化矛盾就不好了。

遇到这样的事情，不妨先让心情放松，然后把这种耍笑转移给对方。比如，如果有人对你说：“你不愧是属猪的，真能吃。”你不妨这么接上一句“所以咱们才能聚到一起呀”。

对方咄咄紧逼，找准要点回击他

实际生活中，有很多人常常被别人咄咄逼人的话语逼入死角，其样子极尴尬。咄咄逼人的谈话，对方一般是有备而来，或是对自己的条件估计得比较充分，有信心战胜你。他的谈锋一般是指向一个地方，对你的要害部位实行“重点攻击”，会令人一开始就处于被动位置。面对咄咄逼人的谈话，光具有丰富的知识还不够，还必须掌握一定的技巧。对付的办法有多种，你可以根据情况的不同加以选择。

1. 把球踢给对方

这是谈话中要运用的一个很普遍、很实用的技巧。当对方的问题很难回答，问的角度很刁钻，你回答肯定、否定都可能出错时，那就不要回答，把问题再还给对方，从哪个地方踢来的球，再踢回到哪儿，将对方一军。

有一个国王故意问阿凡提：“人人都说你聪明，不知是真是假？如果你能数清天上有多少颗星星，我就认为你聪明。”阿凡提说：“如果你能告诉我，我骑的毛驴身上有多少根毛，我就告诉你天上有多少颗星星。”

2. 打擦边球

打擦边球的技巧就是给对方一个模棱两可的回答，好像打乒乓球时打出的擦边球。面对咄咄逼人的追问，你就还一个擦边球式的回答，看起来与对方的问题不相干，几乎没有回答他的追问，但又确实与此有关，使对方不能对你进行无理的指责。

3. 针锋相对

针锋相对，即是以对方同样的火力向对方进攻。对方提什么问题，你就给予十分肯定或否定的回答，丝毫不退让，一点也不拖泥带水，使对方无理可言。

4. 后发制人

这是使自己能站稳脚跟最有效的办法。每个人也许都有这样的经验：先把拳头缩回来，到一定程度，看准了对方，再猛烈地打过去，这样才能打得准、打得狠。后发制人一般在以下两种情况下施行最为有效。

（1）当对方到了已经不能自圆其说的时候。咄咄逼人者开始时锋芒毕露，也许你根本找不到他的破绽。但是，你应该抱着这么一种观念，他总有不攻自破的地方，总是有软弱的地方，只是你还没发现而已。等待时机，一旦其锋芒收敛，想作喘息的时候，你就可以反攻了。

（2）当对方已是山穷水尽的时候。这时就是对方已经把要进攻的全部力量使用完毕，把要打击你的部位打击完毕，而后发现，他连你的“伤口”还没找到，其锋芒所指无非是微不足道的小错误，或者其打击的部位亦不全面，从本质上动摇不了你，这就是所谓的

“山穷水尽”。他技穷之时，也是你反守为攻之时。

5. 抓住一点，丝毫不让

这是在你几乎无计可施的时候。对方话锋之强烈，使你无法反击，他提出的重大问题，你却无法回答，这种情况下怎么办？迅速找到他谈话内容中的一个小漏洞，即使再微不足道也无所谓，可以把这一点无限扩大，使其不能再充分展开其他方面的进攻。你就在这一点上，来回与他周旋，并迅速地想出应付其他问题的办法。

话不投机，要根据对方心理寻找突破口

日常与他人交流的时候，话不投机往往会造成一些尴尬，令气氛紧张。这时就要通过分析他人的心理活动，然后结合口才技巧来破解困局。

话不投机有多种情况，第一种情况是，某种言谈举止使人为难。那么不管对方是有意无意，这时我们都要及时转换话题，以缓和气氛。

两个青年去拜访老师。在谈话中提到："老师，听说您的夫人是教英语的，我们想请她指教一下行吗？"

老师为难地沉默了片刻，说："那是我以前的爱人，前不久我们离婚了。"

"哦？对不起，老师……"

"没什么，喝点水吧。"

"老师，您的书什么时候出版？快了吧？"

这样转换话题，特别是提出对方很愿意谈的话题，就会使谈话很快恢复正常，让气氛活跃起来。

第二种情况是，有人有意或无意地和你开玩笑，带有挖苦意味，使你窘迫甚至生气。这时对方正期待着你生气、抓狂，所以一定不能正中对方下怀。

如你的头发脱落许多，有人很可能挖苦你是“电灯泡”“不毛之地”。在这种情况下，你不可恼羞成怒，伤了和气；也不能忍气吞声，硬装没事。最好是一笑置之，豁然大度地说：“好啊！这说明我是聪明绝顶。没听说吗？热闹的大街不长草，聪明的脑袋不长毛！”这样的答复，话题未转，内容却引申、转折了，既摆脱了窘境，又自我表扬，岂不妙哉？

第三种情况是双方意见对立、谈不拢，但问题还要解决，不能回避。这时对方对自己的意见一定是很坚持的，所以这种话不投机的情况就需要绕路引导。

在找对象的问题上，一对母子有矛盾。儿子不愿也不能和母亲闹僵，只好等待时机再说。

一天吃饭时，母亲又唠叨起来，说：“你这孩子，怎么就不听妈的话呢？人家局长的女儿，人长得不错，又有现成的房子，你为什么不和人家谈，偏要……”

“妈，快吃饭吧，菜凉了不好吃……”儿子先回避话题，意在绕路引导。

失言后及时补救更显大家风范

高明的辩论家在被对方击中要害时绝不强词夺理，他们或点头微笑，或轻轻鼓掌。如此一来，观众或听众弄不清葫芦里卖的什么药。从某一方面理解，有人认为这是他们服从真理的良好风范；从另一方面理解，有人认为这是他们不屑于辩解的豁达胸怀，而究竟他们认输与否尚是未知之数。这样的辩论家即使要说也能说得很巧，他们会向对方笑道："你讲得好极了！"

一次，某位总统访问巴西，由于旅途疲乏年岁又大，在欢迎宴会上，他脱口说道："女士们，先生们！今天，我为能访问玻利维亚而感到非常高兴。"

有人低声提醒他说错了话，这位总统忙改口道："很抱歉，我们不久前访问过玻利维亚。"

尽管他并未去玻利维亚，当那些不明就里的人还来不及反应时，他的口误已经淹没在后来滔滔不绝的议论声中了。

这种将说错的地点、时间加以掩饰的方法，在一定程度上避免了当面出丑，不失为一种补救的有效手段。

人有失足，马有失蹄。失足了可以再站起来，失蹄了可以重新振作，而人失言了可以用妙语去弥补。但会不会及时弥补自己的失言，结果是大不一样的。遇到失言的情况时，可以使用以下3个补救办法。

1. 改义法

改义法就是巧改错误的意义。当你意识到自己讲了错话时，干脆重复肯定、将错就错，然后巧妙地改变错话的含义，将明显的错误变成正确的。

2. 引申法

引申法就是迅速将错误的话语引开，避免在错中纠缠。你可以接着那句错话之后说："然而正确说法应是……"或者说："我刚才那句话还应作如下补充……"这样就可将错话抹掉。

3. 移植法

移植法就是把错误移植到他人头上。你可以说："这是某些人的观点，我认为正确的说法应该是……"这就可以把自己已出口的某句错误的话纠正过来。对方虽有某种感觉，但是无法认定是你说错了。

照顾双方面子，打圆场才能说得圆满

在现实生活中，难免会遇见亲朋好友或者别人为了某些事而发生冲突与纠纷，需要你出面做和事佬的情况。但是，和事佬并不好做，这是个两边不讨好的差事，如果没有比较高超的语言技巧，往往会使自己陷进去，成为一方甚至双方攻击的对象。但是冲突总得有人调解，或许这个人就是自己，那该怎么办呢？

俗话说“一个巴掌拍不响”，在双方接受自己来调解之后，可以考虑主攻一方，让其主动退出争执，另一方没了冲突对象，纠纷自然也就化解了。

对一方当事人给予夸奖，讲述他曾经有过的可引以为豪的事情，唤起他的荣誉感，使他为了保全荣誉感和面子，主动退出争执。这种方式对大多数受过良好教育的人都非常有效。因为荣誉和颜面往往是他们很看重的，是他们约束自己的动力。

赵亮与周强是某公司的两位业务员。赵亮心细，考虑事情周到；周强性情鲁莽，但业务能力强。两人因一件小事发生了争执，赵亮说不过周强，并且被周强训了一顿，觉得非常委屈，就去向主任诉苦。主任说：“赵亮啊，你脾气好，办事周到，大家都很欣赏。

你是个细致的人，周强是个急性子，脾气上来了连自己说了什么都不知道。你怎么能和他计较呢？你一向都非常注意团结同事、不感情用事的，怎么能为了这么点事情就觉得委屈呢？”一番话说得赵亮心里又甜又酸，从此再也不与同强争执了。

故事中的主任先夸奖赵亮，然后强调两人之间的差距，让听话的一方受到赞扬，从而轻易化解了两人之间的冲突。

不过这个调解办法在使用时必须注意不可伤害到另一方的自尊，你对一方的“抬高”最好不要当着另一方的面说，否则会事倍功半，收效不佳。

另外，跟当事人说一件很重要的事，让他感觉到自己的地位及价值的存在，从而让他退出争执，也是一种不错的方法。冲突之所以持续，往往是一种非理性情绪支配的结果。在调节冲突时，如果你能提出一件足以唤起一方理性思考的事情，转移其注意力，往往也能达到让一方退出争执、化解冲突的目的。

事实上，在人际交往过程中，需要灵活应变地打圆场的事情往往很多。因此，生活中，应当学会灵活地打圆场。

“打圆场”应“扬长避短”。工作与生活中的任何事情都包含着两重性，其中的对与错、利与弊是相对的。所以在打圆场时，作为圆场之人应当理解争论双方的心情，辩证地看待问题，针对各种不同的情况，得体地“扬长避短”，用巧妙的语言去做解释，通过“扬长”引领别人换个视角，对先前不满意的事来一番变位思考，让对方从一个新的角度去体会佳妙之处，从而高高兴兴地接受自己的观点。

第七章

▽

职场口才：会看人说话才能如鱼得水

▽

▽

在职场中，或许你的能力很强，付出很多，但不会说话，职场之路也不会一帆风顺。在职场中，如何好好说话是一门大学问，直接影响你的沟通效率、工作效率乃至整个职场生涯。什么话该说，什么话不该说，和同事怎么说，与领导又怎么说，这些都需要不断学习和积累经验。

根据谈话对象调整说话的风向标

办公室里虽然都是一些老同事，但由于人们的相貌、体态各不相同，兴趣、爱好各异，对于倾听谈话的偏好当然也是形形色色，各有一套。

有人喜欢听推理性的谈话，有人喜欢听情绪性的，还有喜欢伤感性的、娱乐性的、辩论性的、揭露性的、哲理性的、文学性的……各有所好。

取得良好说话效果的先决条件是让对方感兴趣，要引起倾听者的兴趣，就要符合倾听者的口味。同样的，内容要针对不同的倾听者进行调味，就像同样的食品原料，可以做成中国、日本、法国、意大利等不同风味的菜肴，说话的方式跟改变食物的调味方式一样可以加以变化。

如果希望得到自己的预期结果，就得照顾到听众的接受程度，好好研究一下话语的表达方式和适当的用词。

许多人说话时常以自我为中心，凡是自己觉得有趣的东西，就认为对方必然感兴趣，殊不知对方却因为觉得无聊而猛打哈欠，根本没听进去。

有人在听到别人兴致勃勃地谈论诸如流行歌曲之类的话题时，

就表现出不屑一顾的态度，打断别人的话题，满口的哲学名词、文学术语，以表现自己的志趣高雅。这样的人令人觉得厌烦。

要让别人明了自己的意思，要先让别人愿意听。尽量符合倾听者的口味，才能收到最大效果。只知道满足自己说话的欲望，而漠视倾听者的存在，与自言自语并无不同。

与同事相处，态度恭敬能减少沟通阻碍

年终岁末，某数码产品公司市场部要在一次全国范围的产品展销会上组织一次大规模的产品促销活动。由于人手不够，市场部经理张强急需临时招聘一些促销人员。于是，他让助手打了一份申请，报到人力资源部主管老陈那里，并在电话里跟老陈说：“很急！尽快安排。”本来老陈平时就看张强不顺眼，这次又是这种态度，老陈心想：“你小子平时见了我连招呼都不打，现在又是这副德行。你不是急吗？好，我就来个急情缓办，叫你哑巴吃黄连！”结果，老陈憋着一肚子气，完全按照常规招聘流程走了一遍。填表、笔试、面试、岗前培训……等到这十位促销人员完全到位时，展销会已经接近尾声了。

故事里的老陈虽然有点儿公报私仇，但是张强本人也负有一定的责任。如果张强的嘴巴甜一些，平常的态度恭敬一点儿，可能这个故事就会是另一个结局。

按理说，老陈作为人力资源部主管，理所应当按照张强的要求为市场部招聘到促销人员。这是老陈的本职工作，做好了是他的职责，做不好是他的失职。正因为如此，老陈把人招到了，就算尽了

本分了，没人能挑出他的错来。张强急不急是他自己的事儿，老陈为什么一定就得按照他的吩咐办呢？

要想让对方尽心尽力帮你做事，就必须在言行上让对方觉得，你值得让他出手相助。

如果张强能这样与老陈说，效果是不是会更好一些呢？

“老陈，帮个忙，这事儿挺急，促销人员两天之内就得到位。错过了时机，你我就都白忙活了。在这儿，我也征求一下你的意见，如果你同意，这个活动算咱们两个部门一起合办的。我有把握，这个活动做下来肯定会出成绩。这样一来，你部门的年终考核又多了一项业绩，你觉得这想法怎么样？”

听了这话，相信老陈是不会拒绝张强的要求的。

在部门间的沟通中只要能做到：平时多主动联络；关键时刻讲技巧、有弹性；处理问题本着平等、互惠、顾大局的原则，相信在工作当中你一定会为自己赢得更多的帮手和同盟，而不是你一唱戏就有人拆台。

聪明人永远不会代替领导做决定

李光宇年轻干练、活泼开朗，入行没几年，职位便一升再升，很快成为单位里的主力干将。几天前，新领导走马上任，上任伊始，就把李光宇叫了过去：“小李，你经验丰富，能力又强，这里有个新项目，你就多费心盯一盯吧。”

受到新领导的重用，李光宇自然欢欣鼓舞。恰好这天要去上海某周边城市谈判，李光宇一合计，一行好几个人，坐长途公交车不方便，人也受累，会影响谈判效果；打车吧，一辆坐不下，两辆费用又太高；还是包一辆车好，经济又实惠。

主意定了，李光宇却没有直接去办理。几年的职场生涯让他懂得，遇事向领导汇报一声是绝对有必要的。于是，李光宇来到领导跟前。

“领导，您看，我们今天要出去谈判，”李光宇把几种方案的利弊分析了一番，接着说，“所以呢，我决定包一辆车去。”

汇报完毕，李光宇发现领导的脸不知道什么时候黑了下来。领导生硬地说：“是吗？可是我认为这个方案不太好，你们还是买票坐长途车去吧。”

李光宇愣住了，他万万没想到，一个如此合情合理的建议竟然被打了“回票”。

“没道理呀，傻瓜都能看出来我的方案是最佳的。”李光宇大惑不解。

李光宇凡事多向领导汇报的意识是很可贵的，可他错就错在措辞不当。注意，李光宇说的是“我决定包一辆车”。在领导面前说“我决定如何如何”是非常不明智的。

如果李光宇这样说：“领导，现在我们有三个选择，各有利弊。我认为包车比较可行，但我做不了主，您经验丰富，帮我做个决定行吗？”领导听到这样的话，也许就会顺水推舟，答应这个请求。

注意这 4 个问题，汇报工作更有效果

马建从一个客户那里考察回来后，敲响了经理办公室的门。

“情况怎样？”经理劈头问道。

马建坐定后，并不急于回答经理的问话，显得有些心事重重的样子。因为他十分了解经理的脾气，如果直接将不利的情况汇报给他，他肯定会不高兴，搞不好还会认为自己工作不力。

经理见马建的样子，已经猜出了肯定是对公司不利的情况，于是改用了另一种方式问道：“情况糟到什么程度，有没有挽救的可能？”

“有！”马建回答得十分干脆。

“那谈谈你的看法吧！”

马建这才把他考察到的情况汇报给经理：“我这次了解到，客户之所以不用咱们厂的产品，主要是因为他们已经答应从另一个乡镇建材厂进货。”

“竟有这样的事！那你怎么看呢？”

“我是这样想的。咱们公司的产品应该比乡镇企业的产品有优势，咱们的产品不但质量好而且价格还很公道，在该省已经具有一定的知名度。”

“就是，一个小小的乡镇企业怎么能和咱们相比呢？”经理打断了马建的汇报。

“所以说，咱们肯定能变不利为有利。最重要的是，当地的建筑公司多年来一直使用咱们公司的建材，咱们有很好的合作基础，这是咱们的优势所在。但该客户答应向那个乡镇企业订货，主要是因为那个乡镇企业距离他们较近，而且可以送货上门。这一点，我们不如那家乡镇企业，我们可以直接到每个乡镇去走访，在每个乡镇找一个代理商，这样问题就解决了。”

“小马，你想得真周到，不但找到了症结所在，还想出了解决的办法，要是公司里的员工都像你这样有责任心就好了。”

“经理过奖了，为公司分忧是我的责任。经理您工作忙，我就不打扰您了。”

不久，马建被晋升为销售科副经理，公司的建材销量也节节攀升，马建也越来越受到重视，很快成了公司的副总经理。

在向领导汇报工作时，你要注意这些问题：

第一，要塑造一种谦虚谨慎、不骄不躁的形象和风格。

第二，要表现得不卑不亢，用平缓的语气说话，尽量避免慷慨激昂。

第三，汇报之前，先动手拟好汇报的主要内容，不能太简单，也不能太啰唆，关键是要说到点子上。没有哪一个领导会喜欢啰唆而又业绩平平的下属。

第四，要选准时机，不要选择领导比较忙的时候汇报工作，因为那时他会因忙于其他重要工作而没有耐心去听你的汇报，并且还会认为你这个人很讨厌，不会选时机。更不要在领导心情不好的时候汇报工作，因为这有可能会成为“出气筒”。

与下属沟通从尊重对方开始

领导与下属在人格上是平等的，领导在与下属沟通时要先从尊重对方开始。

中国的“打工皇帝”唐骏在任微软中国公司总裁期间，经他面试的公司员工达到2500人，他规定每个想要进入微软中国公司的人都必须经他面试。其目的是让员工知道自己从进入公司之日起，就被老总重视。“想想，一个老总面试你，可见你在老总心目中是何等重要！”

微软中国公司任何一位员工的父母来探亲，公司都会派车去接。老人家感觉子女在公司很有面子，也照顾了子女的孝心。

唐骏还能叫出每位员工的中英文名字。一次，在电梯间遇上一名普通员工，唐骏一下子就喊出了他的英文名字，并询问他手头项目的进展情况，并对此提出了建议。隔日他的邮箱收到那名员工的一封邮件，那名工在邮件中对唐骏说：“这辈子我跟定您了。”

原来，那名员工当时正和女友在电梯间，处在热恋之中，但关系尚摇摆不定，女友仗着有几分姿色，便有点儿瞧不起他。“电梯事件”后，女友马上对男友刮目相看，因为公司总裁叫得出男友的名字，知道男友做什么项目，可见男友在总裁心中的地位非同一般，必然前程远大。那名员工因而对唐骏感恩戴德，女友跟定了他，他就跟定了唐骏。

无论是谁，都愿意在一个富有人情味的团队里工作和生活。这种人情味的注入，首先是该团队领导的责任，因为领导是否善解人意，是否体恤和关怀下属，直接决定着这个团队人性化氛围的浓度。员工最在意的，就是别人对他们的态度。而善解人意的背后，正是体现了上司对下属的那份最可贵的尊重。

假如一名员工今天气色不好，你要问问他哪里不舒服；如果他请假去照料生病的妻子，那么当他来上班时，要问问他妻子康复了没有；倘若发现他今天走路一瘸一拐，要问问他怎么回事；如果他经常谈起他女儿上学的事，可过问一下他女儿在学校的成绩如何。虽然这些看起来是小事，但却能大大提高你的威望，使你的上下级关系迥然不同。

第八章

▽

销售口才：把话说到客户心窝里

▽

▽

没有卖不出去的产品，只有不会销售的销售员。作为一名销售人员，要想成功地把你的产品卖出去，就要了解客户的真正需求，有针对性地为客户推荐最适合的产品。如果销售人员欠缺相应的口才技巧，就无法和客户进行有效沟通，也就谈不上了解客户的内心需求。

初见客户，先聊感情不谈销售

要想真正抓住客户的心，只谈销售是不够的，还需要销售人员在短时间内引起客户的兴趣，赢得客户的好感，激发客户继续交谈的意愿，这样才能扭转局面。

作为销售人员，我们与客户交流的目的是很明确的，就是要让客户购买自己的产品。但是，在真正与客户交流时，最好不要那么功利，否则只会招致客户的反感。

在销售过程中，我们都有这样的经历：当我们满怀热情地去推销自己的产品时，客户却十分抵触，结果我们刚开口就被拒绝了。这是为什么呢？

事实上，在人们见到销售人员时，往往都会产生一种莫名的反感，或许是因为曾经遇到的销售人员太过热情，让自己难以消受，也可能是有被骗的经历，至今仍耿耿于怀。无论如何，既然客户在开始时比较排斥销售，那么在与他们聊天时，不妨先把销售的事情放一放，先争取客户的好感与信任，这样以后再谈销售时就会容易很多。

聪明的销售人员在初次与一个客户交流时，会保证先不谈销售产品的事儿，先争取到拜访对方的机会，然后再见机行事。比如，有的销售人员会这样说："先生您好，我只占用您10分钟的时间与您随便聊聊，我保证在这10分钟内不会跟您谈销售产品的事儿。"

在美国有一个名叫乔·库尔曼的著名的保险销售员，他在29岁的时候就已经成为一名业绩非凡的销售人员。

一次，他想拜访一位客户，可这位客户是一个大忙人，据说他每个月都要坐飞机飞来飞去，有很多事务需要处理。乔·库尔曼为了拜访对方，便用电话与对方进行联系。

"阿雷先生，我是一名保险销售员，是理查德先生建议我结识您的。我想拜访您，不知道可不可以？"

"是想推销保险吗？已经有很多保险销售员找过我了，我真不需要，况且我也没有空儿。"

"我知道您很忙，但您能抽出10分钟时间吗？只要10分钟就够了，我保证不向您推销任何保险，只是跟您随便聊聊。"

"嗯，好吧，那你就明天下午4点钟过来吧。"

"谢谢您！我一定会准时到的。"

在乔·库尔曼保证不谈销售保险的情况下，对方同意了他的拜访。

第二天，乔·库尔曼准时到了客户的办公室。

他见到了客户，然后非常有礼貌地说："您的时间非常宝贵，我会严格遵守10分钟的约定的。"

之后，他开始了尽可能简短的提问，并力求提出那些客户感兴趣的话题，让客户多说话。

10分钟到了，他主动对客户说："阿雷先生，10分钟到了，您看我得走了。"

此时，客户感到谈兴正浓，便对他说："没关系，你就再多待一会儿吧。"

就这样，乔·库尔曼与客户的谈话继续进行。接下来，他与客户继续闲谈，并在闲谈中获得了很多对销售有用的信息。

从这个例子可以看出，初次见面不谈销售可以避免自己的销售行动被扼杀在摇篮中，而且即便我们与客户谈论其他的事情，同样能获得对销售产品有用的信息。当然，要想真正抓住客户的心，仅仅不谈销售是不行的，还需要我们在短暂的时间里引起客户的兴趣，赢得客户的好感，激发客户继续交谈的意愿，这样才能最终扭转局面。

那么，在初次见客户时，需要注意哪些事项呢？

1．说话的速度不要太快

如果语速太快，就会不利于对方的倾听和理解，同时也会不利于谈话的进行，因为语速太快会给对方一种压力感，似乎在强迫对方听我们讲话。

2．不要占用客户太多时间

销售员承诺占用对方几分钟的时间就占用几分钟，尽量不要延长，否则客户不但认为我们不守信用，还会觉得我们喋喋不休，那样下次再想约见他恐怕就会很难了。当然，如果客户自己愿意延长时间和我们交谈那就另当别论了。

3. 让客户说话，多了解有用的信息

销售员在拜访客户的时候要尽量多问问题，多听客户说话，这样做一来是为了多了解客户的信息，二来是为了变单向沟通为双向沟通，让客户由被动接受变为主动参与。

4. 保持良好的心态

销售员在拜访客户时，不但不要提及销售，还要保持良好的心态，要面带微笑，不要给自己和客户压力，这样在客户面前我们才会显得更有亲和力。

博取客户同情也能促成买卖

在实际的销售沟通过程中，如果销售人员毫不妥协地坚持己见、一度说服，常常会在失去交易的同时引起客户不满，从而导致一系列不利于长期目标实现的问题发生。而如果巧妙地利用示弱方式与客户进行沟通，则往往更能达到销售的目的。

人们都有一种普遍的心理，对比自己强大或与自己势均力敌的人怀有警惕心，而对比自己弱小的对手则放松警惕，因此，在客户面前巧妙示弱，销售就会更容易成功。

然而，在与客户进行沟通的过程中，一些销售人员却在扮演着进攻者的角色：为了达成销售目标一步一步地向前迈进，不断地说服客户认可产品或服务的品质、接受产品或服务的价格，等等。这些销售人员的销售目标是明确的，为了达成目标而努力奋进的勇气也是值得赞扬的，但是，他们为了实现目标所采用的方法却不见得高明，至少，我们不提倡销售人员对客户进行单一的、进攻意图明显的说服。

一位专家曾经把与客户的沟通比喻成一个圆，他说："人们常常都认为沟通是一条直线，其实它是一个圆。在这个圆上，当我们站在某一起点，而目标是另一点时，我们常常只知道往前走是实现目标的唯一途径，殊不知，只要转过身去，我们就会发现实现目标的又一途径。而且我们常常发现，从前的那种到达目标的途径不但费时费力，还随时面临着失败的危险；但是，如果我们从转过身去的那个方向出发的话，目标实际上近在咫尺。人们经常在这个圆上做一些舍近求远、徒劳无功的事情，这实在是和自己过不去。”

不管是专家的形象比喻，还是每一次销售沟通的实践经验，几乎都告诉销售人员一个道理：实现销售目标的方式并不是单一的进攻式的说服，巧妙地利用示弱的方式与客户进行交流，往往能达到意想不到的效果。

有个人很善于做皮鞋生意，别人卖一双，他却能卖几双。一次聊天中，别人问他做生意有啥诀窍，他笑了笑说：“有些顾客到你的店里来买鞋子，总是东挑西拣的到处找漏子，把你的皮鞋说得一无是处。然后还头头是道地跟你说哪种皮鞋最好，价格又合适，样式和做工又如何精致，好像他们是这方面的专家似的。这时，如果你和他们争论是没有一点儿用的，他们这样说只不过想以较低的价格把皮鞋买到手而已。因此，你要想成交，就要学会示弱，比如，你可以赞同对方的眼光确实独特，很会挑鞋，自己的皮鞋确实有不足的地方，如样式不够新潮，不过永远也不会过时；鞋底不是牛筋底的，不能踩出‘笃笃’的响声，不过，柔软一些也有柔软的好处……你表示不足的同时，也侧面赞扬一番这鞋子的优点，说不定这正是他们看中的地方呢。顾客花这么大心思不正是表明了他们其实是很喜欢这种鞋子吗？因此，在销售时，只要你善于示弱，满足了对方的挑剔心理，一笔生意很快就会成交的。”

事实上，示弱并不是真的示弱，只不过是顺着顾客的想法，用一种曲折迂回的办法来俘获对方的心罢了。

在与客户沟通过程中，尽量不要让对方知道你的虚实，即便你有十分有利的条件，也不能轻易地表现出来。相反，我们还应以适当的方式，故意暴露弱点给对方，麻痹对手。其实很多销售人员在销售沟通过程中都会有意无意地运用一些示弱方式，希望能够让客户满意。比如，在保证利润的前提下进行价格方面的让步，或者根据双方的诉求提出解决问题的折中方式等。销售沟通中的让步策略如果运用得当，那将有利于实现买卖双方的双赢，同时也有利于长期销售目标的实现。那么，如何灵活运用让步策略呢？

1. 明确双方的双赢合作关系

销售人员应当在每一次销售沟通之前针对自己和客户的利益得失进行充分考虑，不但要考虑自己的最大利益，也要考虑客户的实际需求和沟通心理。

一般来说，客户都希望以更低的价格获得更好的产品或服务，而销售人员则希望自己提供的产品或服务能够获得更大的利润。所以说，销售人员和客户之间既存在着相互需求的关系，又存在着一定的矛盾。如果你能把握客户特别关注的需求，而在一些自己可以接受的其他问题上进行让步，那就会使双方的矛盾得到有效解决。

2. 选择有利的让步时机

让步时机的选择宜巧不宜早，销售人员应该在充分掌握客户相关信息、并对这些信息做出有效分析的情况下考虑让步。若过早让步，只会进一步抬高客户的期望，让他们以为只要再坚持一下，你就会继续让步；若销售人员继续轻易让步，就会使自己处于很被动的地位。

3. 掌握必要的让步技巧

通常销售人员在让步的时候可以运用以下技巧。

（1）在最后关头让步。

不到实在没辙的时候就不要轻易让步，如果在沟通一开始就轻易让步，那很容易把自己置于被动地位，客户可能会得寸进尺。

（2）先在细枝末节的小问题上提出让步。

为了在关键问题上获得客户认同，你可以先在细枝末节的小问题上表示适度的让步，这样可以使客户感受到你的诚意，同时也可以使客户在关注小恩小惠的时候淡化其他问题。

（3）让客户感到你的艰难。

在让步的同时明确告诉客户，你做出这样的决定是很艰难的。除了明确告诉客户之外，你还可以通过请示领导、拖延时间等方式让客户觉得得到这样的让步已经很难得了。比如，当客户提出某项要求时，即使这些要求可以实现，你也不要很快答应，而要通过一点一点的微小让步来显示让步的艰难，这样可以降低客户过高的期望。

记住，掌握这一技巧是非常重要的，作为销售人员，如果在让步的时候表现得特别轻松，那客户就会认为你还有更大的让步空间。

解开客户推托之词背后的“心中结”

聪明的销售人员对客户的推托之词都不会急着反驳，而是会想办法消除客户的戒备心理，和客户搞好关系。

销售是一种以结果论英雄的游戏，销售就是要成交。没有成交，再好的销售过程也只能是风花雪月。在销售员的心中，除了成交，别无选择。但是顾客总是那么“不够朋友”，经常“卖关子”。

相信很多销售人员都有这样的经历：当你滔滔不绝、口干舌燥地向客户介绍产品时，客户往往会以各种各样的借口进行推托，于是很多人都选择了放弃，继续寻找下一个目标，或者直接对客户的推托进行反驳。其实，有的时候客户的推托并不是绝对不想购买，作为销售人员，若你在这个时候放弃，那之前的所有努力就白费了，你的反驳也一定会让客户难堪，最终导致推销失败。因此，要想实现成交，销售员必须解开顾客的“心中结”才好。

王鹏是一名业务员，这天，他去客户那里谈一笔生意。当他敲开总经理办公室的门之后，发现总经理正在那里看一些文件，于是他表明自己的身份并说明来意，希望能够与总经理详细谈一下。

那位总经理并没有给他这个机会，而是对他说："我现在很忙，你先和我的助理谈吧。"王鹏一听，心想"那怎么能行呢，一个助理又做不了主，我谈得再好也没有用"。他明白了总经理说"忙"只是他推托的借口。

于是，他说："现在是中午休息的时间，没有什么事情做，您就先听我说一说吧，也不会占用您多少时间的。"

那位总经理一听，生气地说道："你怎么知道我现在没有事情做，难道你没有看到我正在看文件吗？耽误了我的事情你负得起责任吗？赶快出去，别在这儿浪费我的时间。"

王鹏还想再说些什么，总经理直接就叫秘书把他请出去了。

估计很多推销人员在拜访客户时，都碰到过像上例中的总经理那样以"忙""今天没时间"等为由的回答。也许客户说的是实情，也许客户只是想以此为借口来推托。若客户说的是实情，推销人员就应该表示出理解，并且配合客户确定好下一次的约见时间。若客户是以此为借口，那你不妨巧妙地打破对方的借口，比如，你可以跟客户说你只需要做5分钟的介绍即可，注意一定要把握好时间，而且做的这个简单介绍必须能激发起客户想进行深入了解的兴趣；也可以明确地告诉对方，今天是产品促销的最后一天，或者让对方知道今天做出购买决定的其他好处，等等。

李然在一家商场里做电器推销员，一天，来了一位顾客想要买一台空调。在问清楚顾客的需求之后，李然向顾客推荐了一款不错的空调。听完李然的介绍后，该顾客对这台空调有了大致了解，也有要买的打算。可是顾客害怕自己买贵了，所以想到其他商场再看看，而且他还怕这台空调不能满足自家的客厅需要。于是他跟李然说：“我再考虑考虑。”然后转身想走。

李然明白，只要是这位顾客离开商场，就不可能再次回来，即便他认为自己这里是最好的，也不会做回头客。于是，她赶快上前拦住顾客说：“那您对我们的产品或我的服务有什么意见吗？我们公司要求我们做记录的。”那位顾客听了这话就停了下来，在与李然的交谈中逐渐地把自己的顾虑说了出来。李然趁机对顾客说：“我们这款空调在同类产品中绝对是价格最公道的。若空调不能保证您家客厅的需要，您可以在一周内退货。”

通过李然的一番劝说，顾客最终购买了那台空调。

通过上边的案例我们可以看出，当客户表示推托时，你先不要急着反驳，而应在说出自己开场白的同时，观察客户的反应，比如客户的面部表情、身体语言、说话的语气和声调的变化等。然后再综合各种信息，如果确定暂时真的无法说服客户，那就礼貌地告别客户；如果发现客户的态度发生了转变，即使是很微妙的转变，那也要再接再厉地进一步展开与客户的周旋。在跟客户进行周旋时，必须及早地确定客户最大的疑虑是什么，如果把最大的问题解决了，那其他问题也就会迎刃而解。

需要注意的是，直接反驳客户的推托理由是非常不明智的。一般来说，客户的推托主要来源于对销售人员的一种戒备心理，面对销售人员，很多人都会找出推托的借口。其实，推托的借口只是一种形式，而并非实质。如果销售人员反驳客户的借口，那么就会让本来的僵局更加不易化解。比如说，客户说没时间，你却偏要找出他有时间的证据来，那肯定会让客户下不来台。

聪明的销售人员，对客户的推托之词都不会着急表示反驳，而是会想办法消除客户的戒备心理，和客户搞好关系。因此，当客户说出推托之词时，切忌在客户推托的原因上纠缠，而应当把精力放在摸清客户的心思上，只要弄清楚了客户的真正想法，推销起来就会容易很多。

用二选一法则增强客户的参与感

你只要先为顾客假定一个购买的前提，把“买不买”变成“是买A商品还是B商品”，比如，“是要买皮U的还是真皮的”“是买高贵的紫色还是清新的绿色”“买一个门的还是两个门的”……在这种提问方式中，不管顾客选择哪个答案，你都可以顺利地做成一笔生意。

在市场销售过程中，你肯定希望客户能够跟随着你的心意做出选择，但如果你将自己的意愿直接强加给客户，势必会引起客户的反感，反而让事情朝着你不希望的方向发展。

因此，你不妨采用询问客户意向的形式让客户“二选一”。

在这里还有一个小故事，大意是这样的：

有一个老板在大街的左右两边各开了一个粥店，两个粥店是一模一样的，每天前去用餐的顾客人数也都差不多。可是，到了晚上结算的时候，左边店的收入总是比右边那个多出百十来元，并且几乎天天如此。这个老板感觉很奇怪，就派人前去调查，了解两个店的经营和服务情况有何不同。

被派去的人装扮成普通顾客，他首先走进了右边的粥店，服务小姐微笑着把他迎了进去，给他盛好一碗热气腾腾的粥，接着又热情地问他："先生，加不加鸡蛋？"那个调查者发现，每进来一个顾客，服务员都要问同一句话："加不加鸡蛋？"顾客有说加的也有说不加的，大概各占一半。

之后，调查者又走进了左边那个店，服务小姐同样微笑着把他迎了进去，给他盛好一碗热气腾腾的粥，然后和气地问他："先生，请问您需要加一个鸡蛋还是两个鸡蛋？"进来其他顾客，服务员又问同样的话。通常，爱吃鸡蛋的就要求加两个，不爱吃的就加一个。也有要求不加的，但是这种情况很少。这样一天下来，左边这个小店就要比右边那个多卖出很多个鸡蛋。很显然，不同的问话，让两个粥店的营业额产生了差异。

上例中，左边店的服务员用的就是"二选一"法则。"加一个鸡蛋还是加两个鸡蛋"这样的问话方式，会让顾客陷入提问者既定的前提之中，不由自主地给出选择。相比"加不加鸡蛋"的命题，前者显然更进一层，而店家也因此分出高下。可见，同样的商品、同样的价格，谁先用语言打动顾客，谁就能把商品推销出去。

那些有经验的销售人员非常善于利用这个法则来促使消费者购买自己的产品，并且总是屡试不爽。他们往往会问顾客："小姐，这两种款式的衣服都是新到的，不知您更喜欢哪一种？""太太，您看什么时候给您送货最合适？是明天，还是后天？"像这样"二选一"的问题技巧，只要准顾客选中一个，其实就是你帮他拿主意，促使他下决心购买了。

很多推销者之所以推销不出去自己的产品，就是因为不会应用“二选一”法则。比如，在推销衣柜的时候，很多销售人员肯定会询问来看衣柜的顾客：“你是想买大衣柜吧？”如果客户买衣柜的愿望不是很强烈，他可能就会说“不是”或者“我就随便看看”。这样，这笔生意就会有一半以上做不成的概率。如果你的问题是：“您想买现代衣柜呢还是欧式衣柜呢？”你的顾客就无法拒绝你这种二选一的问话方式。

对销售者来说，只要能把产品卖出去就是达到目的了，而不用管顾客买的是哪一款，或者哪种颜色。你只要先为顾客假定一个购买的前提，把“买不买”变成“是买A商品还是B商品”，比如，“是要买皮U的还是真皮的”“是买高贵的紫色还是清新的绿色”“买一个门的还是两个门的”……在这种提问方式中，不管顾客选择哪个答案，你都可以顺利地做成一笔生意。

而作为消费者，对这种二选一的问法，通常会认为是自己的意志。本来也许并没有打算买一件外套，可是听你说这件橘色毛呢大衣比那件黑色的更显年轻、有活力，于是，就爽快地买了你推荐的那件橘色外套了。

这种“二选一”的提问方式，大多数情况下是不会遭受顾客的拒绝的。并且，不管对方回答哪一种答案，都在你的掌控之中，从而使你掌握的主动权更大。

不过，在设置这个“二选一”法则时，还需要注意以下几点。

第一，销售人员一定要注意站在第三者的角度，以询问的形式提出来，而且所针对的商品必须是顾客准备选择的。

第二，人类具有一种跟随最后选择的习性，所以当你想让他人跟随你的意愿进行选择的时候，最好在选择项目的顺序上花些心思，把希望对方选择的那项放在后面说，这样顾客往往会自主地选择合你心意的那一项。比如，“是给您包一件还是包两件呢？两件刚好是一个月的用量。”当顾客被这样询问的时候，绝大多数都会脱口而出：“那就两件吧。”

第三，所提的问题中最好不要用“买”字，这样顾客就会觉得这是自己的选择，便会有主动感或参与感。

第四，提出的选择不要太多，两个是最合适的，如提供的选择太多，会使顾客陷入难以抉择的地步，虽然可能不至于完全丢了生意，也会在相当大的程度上影响成交，使生意转眼泡汤。

换位思考，站在客户的立场说话

很多销售人员都有一个通病，即在好不容易见到客户后，就急不可耐地向他们推销自己的产品，迫不及待地想成交，生怕眼前的生意飞走了。殊不知，你这样做很可能会引起客户的逆反心理，你越是急于求成，他们越是犹豫不决。那么遇到这种情况怎么办好呢？其实，你不妨换个思路，多为对方考虑，站在客户的立场上说一些他们爱听的话，或许就能收到意想不到的效果。

有一对夫妇来到某家电城，他们走到某电器公司的展销部，准备购买一台冰箱。售货员看到夫妇二人围着××牌冰箱观看，似乎很感兴趣的样子，便很耐心地给他们解说。

就在男方准备掏钱付款的时候，女方突然说：“还是别买这种，凑点儿钱，买台××牌子的。”

男方有些吃惊：“咦，不是说好了吗？怎么一下子就变了？”

“我觉得还是××牌子的好，不就是多千把块钱吗？”

“那好，就依你。”男方顺从地说。

这样一来，售货员的脸拉得老长，眼看到手的生意给搅了，自己还白白陪着解说了一番，自然就没好话了：“行，行，××牌子的好，你上××国去买好了，干吗到这儿来问这问那的？”

夫妇俩给这么一呛，差点和售货员吵起来。在他们气鼓鼓地转身就走时，展销部经理满面笑容地走过来说：“两位请留步，我想与你们说两句话。”于是，夫妇俩气鼓鼓地转过身来。

“非常抱歉，刚才我们的售货员态度不好，得罪了你们，这都怪我平时工作没做好，因此，我向你们诚心诚意地道歉。”这一来，夫妇二人的脸色便缓和了许多。

“二位，我们是公平买卖，文明经商，买不买我们的冰箱是你们的自由，只是有件事情我想请二位赐教。”听他这么一说，夫妇二人也一脸的认真。

“方才这位女士说，我们的冰箱质量差，能不能告诉我差在何处，我们也好在今后加以改进。”这位女士被他问得不知如何回答，支吾了好一会儿才说：“我也是听人家说，××的冰箱是世界一流的，尤其是制冷方面，没得比。”

经理听了女士的话，不急不恼地说：“其实，这只是人们的一种观念而已。当然，××冰箱制冷方面有许多长处和优点，给人们留下了不错的印象。但是应该看到，近些年来，××电冰箱在质量上有巨大的飞跃。就说你们刚才看的吧，它的制冷效果已经赶上世界先进水平，并且正在走向国际市场。”听经理这样一说，夫妇俩的满脸阴云早已散尽。

此刻，经理抢抓时机发动进攻说：“我看这样好啦，二位若是信得过我，下午我就派人送货上门。这是单据，请到那边取发票和保修单。用后若有质量问题，请及时与我们联系。”

就这样，一桩眼看就要泡汤的生意，在这位推销经理真诚的语言感召下得以促成。顾客就是上帝。只有一心为顾客着想的人，才会赢得市场，获得成功。积极地为客户着想，“以诚相待、以心换心”，是销售人员对待客户的基本原则，也是销售人员成功的基本要素。

为什么有的推销员总与成功有缘，而有些推销员则始终无法避免失败呢？最主要的原因是前者能够为客户解决问题，而后者在拜访客户时往往表现得盲目和平庸。所有成功的人，或者说业绩突出的人，之所以成功，是因为他们更能把握客户的心理，能够很好地抓住他们的想法，再去进行具体的、行之有效的说服工作。

第九章

▽

谈判口才：心理博弈对局要做到攻守有道

▽

▽

谈判是一场心理战，是谈判双方互相博弈的一个过程。在谈判过程中，运用各种策略可以收到事半功倍的效果。虽然谈判口才的策略不胜枚举，但根据双方所处的地位，概括起来可以分为攻势策略和防御策略。谈判时要根据具体情况使用相应的策略做到攻守有道，从而掌握谈判主动权，为己方带来更多利益。

掌握入题技巧，牢牢把控谈话方向

谈判开始时，要避免剑拔弩张的气氛，这就需要掌握入题的技巧。这种时候，采取迂回入题的办法，可以消除这种尴尬状况，平息自己的情绪，使谈判气氛变得轻松、活泼，为谈判成功奠定一个良好的基础。

迂回入题，方法很多。首先，可以从题外话入题。题外话话题丰富，不必事先准备或刻意修饰，信手拈来即可，是一种简单的、有效的入题技巧。下面是4个常见的入题技巧。

1. 从客套话入题

如对方为客，来到己方所在地谈判，应该谦虚地表示各方面照顾不周，没有尽好地主之谊，请谅解，等等。

2. 从介绍自己入题

也可以由主人介绍一下自己的经历，说明自己缺乏谈判经验，希望各位多多指教，希望通过这次谈判建立友谊，等等。

3. 从介绍人员入题

可以在谈判前简要介绍一下己方人员的经历、学历、年龄、成果等，由此打开话题，既可以缓解紧张的情绪，又不露锋芒地显示了己方强大的阵容，使对方不敢轻举妄动，等于暗中给对方施加了心理压力。

4. 从介绍情况入题

可以在谈判开始前先简略介绍一下己方的生产、经营、财务等基本情况，提供给对方一些必要的资料，以显示己方雄厚的实力和良好的信誉，坚定对方与你合作的信心。

其次，可以谈有关旅行的话题。如：“广西桂林真是山水甲天下，各位去过没有？”“我国的兵马俑堪称世界一绝，没有去看那是一大遗憾。”“各位这次经过泰山，有没有去玩玩，印象如何？”又如：“各位昨天的航班正点吗？一路上辛苦了。”“这里飞机票一向不好买，各位哪天走，最好提前几天买票。”

抢占先机，一开始就让对方说“是”

当一个人在说话时，如果一开始就说出一连串的“是”字来，就会使他整个身心趋向肯定的一面。这时全身呈放松状态，容易造成和谐的谈话气氛，也容易放弃自己原来的偏见，转而同意对方的意见。

美国电机推销员哈里森，讲了一件他亲身经历的有趣的事儿。

有一次，他到一家新客户的公司去拜访，准备说服他们再购买几台新式电动机。不料，刚踏进公司的大门，他便挨了当头一棒。

“哈里森，你又来推销你那些破烂了！你不要做梦了，我们再也不会买你那些玩意儿了！”总工程师恼怒地说。

经哈里森了解，事情原来是这样的：总工程师昨天去车间检查，用手摸了一下前不久哈里森推销给他们的电机，感到很烫手，便断定哈里森推销的电机质量太差，因而拒绝哈里森今日的拜访，推销更是无门啦！

哈里森冷静考虑了一下，认为如果硬碰硬地与对方辩论电机的质量，肯定于事无补。他便采取了另外一种战术，于是有了以下的对话。

“好吧，斯宾斯先生！我完全同意你的立场，假如电机发热过高，别说买新的，就是已经买了的也得退货，你说是吗？”

“是的。”

“当然，任何电机工作时都会有一定程度的发热，只是发热不应超过全国电工协会所规定的标准，你说是吗？”

“是的。”

“按国家技术标准，电机的温度可比室内温度高出42℃，是这样的吧？”

“是的。但是你们的电机温度比这高出许多，喏，昨天差点儿把我的手都烫伤了！”

“请稍等一下。请问你们车间里的温度是多少？”

“大约24℃。”

“好极了！车间是24℃，加上应有的42℃的升温，共计66℃左右。请问，如果你把手放进66℃的水里会不会被烫伤呢？”

“那是完全可能的。”

“那么，请你以后千万不要去摸电机了。不过，我们的产品质量，你们完全可以放心，绝对没有问题。”结果，哈里森又做成了一笔买卖。

哈里森的成功，除了因为他的电机质量的确不错以外，他还利用了人们心理上的微妙的变化。

很多人在与他人谈判的过程中总是先让对方说“不”，这样一来会导致他接下来不停地说“不”。如果我们能动用一下“心计”，让对方先说“是”，那会大大增加谈判的成功率。也就是说，如果要使你的意见被别人同意，你必须使对方一开始就说“是”。

要想使对方说“是”，有两点要特别注意。

第一点：一定要创造出对方说“是”的气氛，要千方百计避免对方说“不”的气氛。因此，提出的问题应精心考虑，不可信口开河。

第二点：要使对方回答“是”，提问题的方式是非常重要的。什么样的发问方式比较容易得到肯定的回答呢？最好的方式应是暗示你所想要得到的答案。

使用威胁策略让对方权衡利弊

很多复杂的、成功的谈判，就是在一方的威胁下，甚至是双方的相互威胁下才达成的协议。

谈判中的威胁之所以能起到作用，就在于其中的一方（通常是在某些方面掌握主动权的一方）仰仗着自己的优势，以某种条件要挟，强硬地指出了对方的利害关系所在。假如对方不答应这一方的要求，他们就必须为此承担相应的损失。

如果谈判中的一方选择了威胁策略，那就等于是在告诉对方："我所提的要求你们必须答应，没有任何可以商量的余地。"这样一来，为了谈判的成功，为了自己的利益不受更大的损失，对方自然就要好好思量一下了。

威胁策略的好处就在于，即使对方很不情愿，他也不得不权衡利弊，以重新做出有利于自己的选择。而这个选择，可能就是你对他的要求。

谈判中充满了威胁与反威胁，但并不是每个谈判者在对待每个谈判对手时的每一次威胁都能收到预期的效果。如果威胁的策略运用不当，比如威胁的程度过轻或过重，威胁的时机没有选择好，都可能导致最后的效果大打折扣。而且，面对你方的威胁，对方照样可能采取相应的威胁策略，从而使谈判陷入僵局。当然陷入僵局也没什么可怕的，但关键是你的威胁对他有没有用。所以，谈判者一定要掌握好威胁的技巧，才能在谈判中应用自如。

著名谈判家盖温·肯尼迪认为，要想使威胁达到目的，主要得看威胁的内容。具体地说，它有赖于两个相互关联又各不相同的因素。

1. 实施威胁的可信程度

实施威胁的可信程度，就是说一定要让对方相信你对他的威胁并不是在吓唬他，而是说出来就要做到的，这样他才会真正害怕。只有害怕了，他才会乖乖地听你的话。如果你的威胁像是跟他开玩笑一样，没有人相信你会真的去做，那么这一威胁的效果也就被削弱到最小了。

2. 威胁给对方造成危害的程度

威胁给对方造成的危害程度一定要足够大，这才能逼迫对方屈服。在你向对方发出威胁后，对方一定会面临两个选择：答应你，或者不答应你。这时他就要比较两者可能对他造成的危害。如果答应你，他会有什么损失？如果不答应你，他又会有什么损失？如果后者的危害程度大于前者，那么为了减少损失，他也就只有选择答应你了。

用“最后通牒”向对方施压

在谈判中，有些谈判者摆出架子准备进行拉锯战，而且他们也完全抛开了谈判的截止日期。此时，你的最佳防守兼进攻策略就是出其不意，发出“最后通牒”。这一策略的主要内容是，在谈判桌上给对方一个突然袭击，改变态度，使对方不知所措。对方本来认为时间挺宽裕，但突然听到一个要终止谈判的最后期限，而这个谈判成功与否又与自己关系重大，肯定会手足无措。由于他们很可能在资料、条件、精力、思想、时间上都没有充分准备，在经济利益和时间限制的双重驱动下，他们就不得不屈服，在协议上签字。

所谓“最后通牒”，常常是在谈判双方争执不下、陷入僵持阶段，对方不愿做出让步以接受交易条件时所采用的一种策略。实践证明，如果一方根据谈判内容限定了时间，发出了最后通牒，另一方就必须考虑是否准备放弃机会，牺牲前面已投入的巨大谈判成本。

美国底特律一家汽车制造公司与德国一家公司谈判时，就是运用了最后通牒策略而达到了谈判的目的。当时，由于双方意见不一致，谈判僵持了一个多月没有结果，同时，别国的订货单又源源不断。这时，美国这家汽车制造公司的总经理下了最后通牒："如果你还迟迟不下定决心的话，5天之后就没有这批货了。"眼看所需之物要被抢购一空，德方不由得焦急起来，立刻就接受了谈判条件。于是，一场持久的谈判才告以结束。

但是，最后通牒策略并非屡试不爽，一旦被对方识破，最后通牒的威力可能会反作用到自己身上来。

发"通牒"时你一定要注意以下几种语言技巧，务必要把话说到点子上。

1. 出其不意地提出最后期限，你必须语气坚定，不容通融

你不可使用模棱两可的话语，防止对方存有希望，以致不愿签约。因为对方一旦对未来存有希望，想象将来可能会给自己带来更大的利益时，就不肯最后签约。坚定有力、不容通融的语气会促使他们下定最后的决心。

2. 在提出时间限制时，时间一定要明确、具体

在关键时刻，你不可说"明天上午"或"后天下午"之类的话，而应是"明天上午8点钟"或"后天晚上9点钟"等更具体的时间，这样会使对方有一种时间逼近的感觉，使之没有心存侥幸的余地。

3. 发出最后通牒时言辞要委婉

由于最后通牒本身具有很强的攻击性，如果你再言辞激烈，极度伤害了对方的感情，对方很可能会一时冲动铤而走险，甚至退出谈判，这对双方都是不利的。

谈判场合的讨价还价很有必要

人人都爱面子，尤其在大庭广众之下更是如此。调查表明，男性往往比女性更不愿意被人认为他在经济上吝啬。许多男孩子喜欢在女孩子面前掏钱埋单，甚至宁可欠钱也不肯让女孩子做东。正因为如此，许多公司总爱有意派女代表与男性代表谈判。

要运用当众讨价法争取利益，可以选择以下几种不合适谈判的环境。

1. 会议场合

当对方前来谈判时，在谈判场合的对面或隔壁特别安排一场会议。这时，你提出事先确定的要价，对方即使不满意，也不至于猛烈反驳，只好将就屈从。因为他们担心过于争执会波及会场人员，给人“不光彩”的印象。

2. 娱乐场合

谈判地点确定后，你可以事先约请一些人在谈判地点打牌、下棋等。对方到达后，你便若无其事地带他到离娱乐场不远的地方。发生争执时，你就有意识地提高嗓门，让娱乐者听到，并使对方感到再吵嚷会招致娱乐者的反感或诅咒，因而宽容地满足你的要求。

3. 宴会场合

知道对方来谈判，可以特意安排一席酒宴，邀请一些老练持重的合伙人参加。席间，先谈些无关话题，待对方兴趣正浓时，便急转正题。这时，即使你要价要得较高，对方碍于人多，往往不愿费口舌，而同意你的要求。

如果你被当众讨价，可用以下方法应付。

你可以采取“笑骂由汝，我自为之”的态度，我行我素。这要求你敢于打破面子，不要把讨价还价当作一件丢人现眼的不光彩行为，不要怕别人讥嘲你是吝啬鬼，始终把人家精心设计的热闹场景当作谈判密室。这样，对方也就无可奈何了。

你也可以采用“太极推手”的方法。如可以说：“价格问题，要由我的上司拍板，我们另外找个时间商议吧。”或者说：“我今天身体有点儿不舒服，我们是否改日再谈？”这样既保全了面子，又维护了自身利益，可谓一举两得。

以结果为导向，避免毫无意义的争辩

无论在什么性质的谈判中，往往会遇到针锋相对的激烈争辩的场面，这当然是一种正常现象。然而，毫无意义的争论并不是好现象，它会使人的身心健康受到影响。而在人际关系等方面，受到的影响则更大，甚至过去很久也难以挽回。

既然如此，我们当然提倡以和为贵。为了达到不与人争，只要不是原则问题、太过分的条件，你都可以接受下来。唯有如此，你才能避免各方面的争辩。即使是对方带有挑衅性的诘问，你也用平和的态度去应对，如此一来，什么样的争论也爆发不起来了。

不过，在探讨问题时发表不同看法则应另当别论。再说，双方同是以辩明是非为出发点，只要问题弄清楚了，就不会引发恶果。而争辩则不同，它完全是感情用事。因此，当讨论的双方陷入僵局，而有负气及感情用事的迹象时，你就应该立即中止。即使对方缠住你争论不休，你也要果断地将谈判停下来。

因为在对方难以控制自己的感情时，你只有自己保持冷静的头脑，才能继续保持你与对方的友谊。在这种情况下，对方已经失去理智了，你若与他去计较，肯定就会闹得一团糟，而把谈判的本意抛至脑后。

谁都知道争论于人有害无益，因此，许多聪明人都尽量避免与人争论，如果遇到对方的心理表现一反常态时，便运用随机应变的办法回避开来，或是用一种玩笑的方式，将原本一触即发的话题当成笑话一笑了之。

然而，并不是任何争论都可以完全避免的。假如碰到有伤国格、人格等严重挑衅的言论，或是为了祖国和人民的利益，这样的争论不但不能回避，还应该坚决与之一论到底。在这类争论中，我们要以充分的证据和理由，深刻揭露、驳斥对方的错误言论，并用无可辩驳的事实与对方的歪理进行对比，使对方无言以对。

在任何必要的争论中，若想取得胜利，都需要用大量的知识和见闻来充实自己的言谈。因此，在平时你就应该不断地加强学习，努力提高自己的综合素质，要有胆识、见识、学识。只有具备了这“三识”的条件，才不至于在关键时刻词不达意，以至恼羞成怒。

谈判陷入僵局，及时转移话题

尽管满足双方的某些需要是谈判的前提，但无论哪一方总是希望谈判最后的结果对自己更有利，因此有时会各执一词，相持不下。一旦出现这种情况，谈判者必须灵活以对，找出突破点。打破僵局的方式有许多种，从语言角度来说，转换一下话题，调节一下紧张的气氛是有效的手段。

这种转移话题、打破僵局的方法若运用得当，常常使谈判绕了一个圈子、多走了一些弯路之后又成功地到达了终点，达成双方都能接受的协议。

北方某玻璃厂与美国E玻璃公司谈判引进设备事宜。在全套引进，还是部分引进这个议题上僵住了，双方代表各执一词，相持不下。北方某玻璃厂首席代表为使谈判达到预定的目标，决定打破这个僵局。他略经思索后，笑了笑，换了一种轻松的语气，避开争执点，转而说：“你们E公司的技术、设备和工程师都是世界一流的。你们投进设备，我们双方技术合作，帮我们把厂办好，一定要用最好的东西，因此，我们一定能够成为全国第一。这不但对我们有利，而且对你们也有利。”

E公司的首席代表是位高级工程师，他听到这番话自然很感兴趣。气氛顿时变得活跃而轻松了，僵局立刻得到了缓解，最后双方达成了协议。北方玻璃厂省下了一大笔钱，而E公司也因帮助该厂成为全国同业中产值最高、耗能最低的企业而名声大噪，赢得了很高的声誉。

其实，话题的转移有相当的难度，需要具有对语言驾轻就熟的技巧。话题转移得不好，有时虽然能暂时缓和一下紧张的气氛，但对大局并没有什么益处。话题转移得巧妙，不仅能活跃调节气氛，还能为谈判去除障碍，铺平道路。

转移的话题必须视具体情况和对象因地制宜，就近转移，不能不着边际，随心所欲，风马牛不相及。

转移的话题主旨也不能变，虽然不涉及正题，但必须与正题有关，不管绕多少圈子，牛鼻子始终不能放，要做到“形散而神不散”。

转移后的话题展开要循序渐进、环环相扣、符合逻辑、自然而然地向正题靠拢，在不知不觉中使彼此相互的意见逐渐达成一致。话题转移要获得理想的效果，语言的表达必须做到情理交融、刚柔并济。

第十章

▽

演讲口才：抓住听众心理才能赢得掌声

▽
▽

演讲要成功有一个前提，那就是你对听众心理的揣摩要足够透彻。因为对演讲效果的评判，在很大程度上是根据听众对演讲的接受程度而定的。然而事实上，很多演讲都没能满足听众的真正需求。相反，如果听众产生了与演讲者“同船共渡”的感受，那么演讲也就成功了。

营造演讲氛围，激起听众的听讲欲望

现场演讲的氛围很重要。气氛热烈，听众热情高涨，演讲才算成功。倘若不能营造出较为热烈的气氛、带动听众的情绪，场面冷冷清清的话，不管你的演讲内容多么精彩，恐怕也称不上是成功的演讲，更不会起到较好的宣传效果。那么，怎样才能营造出好的氛围呢？当场面比较冷清的时候，就需要演讲者能够随机应变、激情投入，给听众一个积极的刺激，激活气氛。

一位专家应邀在一个学术会议上做演讲。到了会场以后他才发现，来的人非常少，会场只稀稀拉拉地坐了十几个人。他觉得有点儿尴尬，可是又不能不讲，于是他灵机一动，说："会议的成功不在于人数的多少，中国共产党第一次全国代表大会才到了12个人，可是意义非凡啊。今天也一样，来的都是精英，所以我更要把课讲好。"

这话一说，大家都被逗得开怀大笑。这一笑，立刻使现场的气氛活跃起来，再加上这位专家讲课充满激情，那一次的演讲在人数极少的情况下取得了巨大的成功。

其实，不仅演讲如此，生活中很多场合都需要有一定的氛围来烘托。比如每逢春节来临时，家家户户都贴春联，人们看到这些春联就会有一种愉悦感，就会感受到过年的氛围。一个店铺开业时，总要挂满彩旗，摆满有关单位以及亲朋好友所赠的花篮，门口站着身披绶带的迎宾小姐；在允许放鞭炮的地方往往还会放鞭炮。商家其实就是通过一种热闹气氛的营造来吸引别人的注意，从而达到宣传的目的。

事实上，很多事情，比如一场电影将要上映了或者某一场比赛将要开始了，为了吸引更多的人前来观看，都需要营造一定的气氛，也就是“造势”，只有“势”造得好，宣传的效果才会好，观众才会受到感染。

制造悬念，让听众跟着你的思维走

演讲要能吸引听众，首先的条件是要激起他们的兴趣，引起他们的关切，争取他们的参与，这些是一般的演讲口语所做不到的。

下面的话是一个演讲的一部分，看看你是否喜欢？

“在1982年之前，也正是这个时候，伦敦出了一本被公认为不朽的小说杰作，很多人都叫它是‘环球最伟大的一本小说’。当该书出版之初，伦敦市民，在街头巷尾，朋友相遇，都要彼此问一声：‘你读过这本书吗？’答案一定是：‘是的，我已经读过了。’这本书出版的第一天，便销出1000册，两星期内共销出1.5万册；自然，以后又再版了许多次，世界各国都有了译本。在几年前，大银行家摩根以巨大的代价，买到了这本书的原稿，现在这本原稿和摩根的其他的无价宝物，一并陈列在纽约市的美术馆中。这一部世界的名著是什么呢？就是狄更斯著的《圣诞节的欢歌》。”

你是否认为这样的演讲很成功？为什么它一开始就能引起听众的注意，并且还使听众的兴趣逐步增高呢？就是因为它勾起了听众的好奇心，使听众的心情，仿佛悬在半空中一样！在这个世界上，有哪个人没有好奇心呢？如果你在演讲的时候，第一句话就能引起听众的好奇心，也就说明已经引起了听众的兴趣和注意，掌握了抓住听众兴趣的技巧。

演讲制造悬念有以下几点应弄明白。

（1）从制造悬念的手段看，写文章可用情节、人物、矛盾冲突等制造悬念，而演讲则主要以口语制造悬念。

（2）从悬念的位置看，一般多在演讲的开头，也可以放在演讲的中间，这一点与写文章相同。

（3）因为演讲主要不是叙事性的，篇幅又短，所以悬念用得比较单一，不像写文章那样复杂，有时还要大悬念中套小悬念。

（4）制造悬念可以用设问句，也可以不用设问句，并不是所有的设问句都能制造悬念。

演讲要干脆，遣词造句要简洁

简洁生动，一语中的，含义蕴藉，不仅是演讲口才的基本要求，也是演讲口才的最高境界。

林肯当选总统之前，有一次被邀请到一个学术会议上发表讲话。在他前面安排了另外两个教授，这两个教授的讲话空洞无物，又特别的冗长。等他们讲完，台下的与会者已经被折磨得疲惫不堪。终于等到林肯上台，他望了一下台下，用力地敲了敲桌子，然后提高嗓门，说了一句话："绅士的演讲，应该像女士的超短裙一样越短越好。我的演讲完了。"台下顿时爆发了雷鸣般的掌声。这一句话，堪称古今中外演讲史上简洁用语的典范，任何时候都发人深思。

还有一次，林肯在《葛底斯堡的演说》中，只用了10个句子，整个演讲重点突出，一气呵成，从上台到下台还不到3分钟，却赢得了1.5万名听众经久不息的掌声，并轰动了全国。这次演讲是林肯最出名的演讲，也是美国文学中最漂亮、最富有诗意的文章之一。当时报纸评论说："这篇短小精悍的演说是无价之宝，感情深厚，思想集中，措辞精练，字字句句都很朴实、优雅，行文完美无瑕，完全出乎人们的意料。”

这就是简洁的力量。好的演讲总是字字珠玑，简练有力，使人不减兴味。

不仅林肯如此，几乎所有的演讲大师，都是这样要求自己的。最短的总统就职演说，首推1793年华盛顿的演说，仅135个字。法国前总理洛朗·法比尤斯也是这方面的楷模，1984年7月17日，57岁的他在发表演说时，也是短得出奇，演讲词只有两句：“新政府的任务是实现国家现代化，团结法国人民。为此要求大家保持平静和表现出决心，谢谢大家。”语言真诚，措辞委婉，表达精辟。

言不在多，达意则灵。林肯、华盛顿、洛朗·法比尤斯，这些演讲大师驾驭语言的能力都是非凡的，他们用最简洁的语言诠释着演讲的艺术，都是我们学习的榜样。

在演讲中，你要想做到语言简洁，在注意句式变化的同时，多用短句少用长句。长句虽然能够表达缜密的思想、委婉的感情，能够造成一定的说话气势，但是其结构比较复杂，句子长，如果处理不好，不但说话者觉得吃力，听话者也不易理解。而短句的表达效果简洁、明快、活泼、有力。由于活泼明快，就可以干脆地叙述事情；由于简洁有力，就可以表达紧张、激动的情绪，坚定的意志和肯定的语气。因此，易说易听的短句，更适合在演讲这种重要的场合使用。

用幽默诙谐的语言活跃现场气氛

幽默诙谐是人际关系的调节剂，也是实现自身价值的有力工具。幽默是思想、学识、智慧和灵感在语言中的结晶，是一瞬间闪现的光彩夺目的火花。演讲中幽默语言的技巧，是一种难度很高的语言技巧。

著名电视节目主持人凌峰1990年在中央电视台春节联欢晚会上的即兴演讲，就是非常诙谐幽默的。

“在下凌峰，我和文章不一样，虽然我们都得过‘金钟奖’和‘最佳男歌星’称号。但是，我是以长得难看而出名的……一般来说，女观众对我的印象不太良好，有的女观众对我的长相已经达到了忍无可忍的地步，她们认为我是人比黄花瘦，脸比煤球黑。”

这一番话戏而不谑、妙趣横生，让观众捧腹大笑，给人留下了非常坦诚、风趣幽默的良好印象。凌峰的即兴演说，因为无重要的话要说，又是在春节联欢的场合，所以幽默风趣最为适宜，也最受欢迎。

演讲中出现妙趣横生、幽默诙谐的语言，能调节情绪，能活跃气氛，比那些华丽词语的套话更能打动听众的心灵，更能使演讲受到欢迎，获得成功。幽默语言的运用技巧不是牵强附会地制造噱头，也不是低级庸俗地造成笑料。

首先，它是知识丰富的显示。这些诙谐的语言资料，要从古今中外的传说、俗语、成语典故、文学作品中去寻找，要联系得当，运用自然。

其次，它是良好的教养与智慧道德的表现。不是粗俗话的堆砌和平庸少才的耍嘴皮子。

再次，幽默的话语形式，可以蕴含深刻的哲理，它使听众在轻松愉快中受到启迪和陶冶。

最后，幽默诙谐的语言运用，还要注意几点：一要注意场合，只有在轻松、活跃、融洽的气氛中才适用，如遇上沉重、庄严、悲哀的场合，演讲者则不能随便用幽默；二要考虑在场的听众，不要因幽默取笑，无意伤害了有生理缺陷的同志和朋友，也不要犯了某人的忌讳；三要适可而止，它只是偶尔的调剂，不能当作主要的内容和技巧。

演讲卡壳，及时救场不让局面失控

你常常会看到这样的情形：有的人在台上演讲，可讲着讲着突然讲不下去了，整个人就像木头一样愣在那里。

事实上，在演讲中出现卡壳，甚至讲不下去的情况，并非什么稀奇事，许多人刚开始演讲时都会碰到这种情况。究其原因，有人说是由于得了“害羞病”，据说美国有一个地方还专门设立了一个“中心”专门治疗此种“病”。

当然，造成这种情况的原因主要还是缺乏自信心。此外准备不够充足，对观众、环境不够熟悉，不太适应，也会使你感到十分紧张，不知不觉地就背上了害怕失败的包袱。那么，如何摆脱卡壳的尴尬呢？

1. 调节情绪，学会放松

演讲能否正常发挥，取决于是否有好的情绪。你一定要放下一切包袱，调节好情绪，让自己处于放松的愉悦状态。例如说说笑话、听听音乐、看看漫画等，都能调节情绪。在上台的最后时刻，你可以做一下深呼吸，抛掉所有的杂念，你会发现自己变得放松多了。

2. 做到目中无人，心中有人

看到台下黑压压的听众，有的人往往会吓得浑身发抖、手足无措，这是卡壳的一个重要因素。为了消除这种恐惧感，你不妨自我肯定、自我欣赏一下，做到“目中无人，心中有人”。你可以暂且“藐视”台下的人，甚至把他们当作“一无所知”的人，唯有听你娓娓道来，他们才会开“窍”。如此一来，你的恐惧感就会自然消失了。

3. 全身心地投入演讲

从你走上讲台那一刻起，就不要再想什么“成败在此一举”与“轰动效应”的事了，你所想的应该只有演讲本身，别的一概不想，全身心地投入演讲，才有可能获得成功。

4. 声音要响亮

一张口，声音就要大一点儿，来个“先声夺人”。说话的声音响亮了，自己也容易稳定下来。演讲过程中应当把握整体，思路先行，大胆地、毫不迟疑地讲下去。一旦你的演讲进入了良性循环的运行轨道，演讲的成功就能预见了。

5. 提前处置，沉着应变

要做到临危不乱，就需要有高超的应变能力。假如你预感到要卡壳了，可以提前减速，插入几句，力争绕过暗礁。假如你脑子里的记忆信号系统全部乱套了，就应该当机立断丢掉之前的框架，放慢速度，边回忆边重新组织表达。假如无可挽回地忘词了，就要在语不成句之前将提示卡片拿出来，边看边讲。或者在“无可挽回”地陷入窘境以前，把主要内容大概表达完就尽快地结束演讲，来个“见好就收”，千万不要让演讲陷入恶性循环的泥沼中去。

做好结尾，别让演讲输在最后一分钟

俗话说：“编筐编篓，重在收口；描龙画凤，难在点睛。”演讲的结尾，就是演讲的“收口”“点睛”。最好在演讲达到高潮时果断“刹车”，以此来强化给听众的最佳印象。

拿破仑说过：“兵家成败决定于最后五分钟。”我们同样可以说，演讲的成败在相当程度上取决于演讲的结尾。好的结尾能揭示题旨，加深认识，给听众留下完整、深刻的印象；能收拢全篇，使通篇浑然一体；能鼓动激情，促人深思，令人觉醒，能让听众在反复回味中受到教育和启发。所以，每位演讲者不仅要熟练地掌握演讲结尾的艺术技巧，而且要善于设计，安排出既符合内容要求，又符合演讲时境的新颖而又精彩的结尾，只有这样才能使自己的演讲取得全面成功。

演讲结尾的类型和方法多种多样，不拘一格，演讲者可根据自己演讲的具体时间、地点、主题、听众及自己个性等因素，选择适合自己结束演讲的方法，使之有效地为演讲的思想和目的服务。归纳起来，常见的演讲结尾方式大体可以分为以下十种。

1. 总结式

以总结、归纳的方式结尾。这种结尾用极其精练的语言，对演讲内容和思想观点作一个高度概括性的总结，以起到突出中心、强化主题、首尾呼应、画龙点睛的作用。如演讲稿《永照华夏的太阳》的结尾。

“我们是从哥白尼日心说中认识太阳的，我们又是从历史的迁徙中认识中国共产党的。八十年过去了，八十年斗转星移、日月变迁。太阳的辐射仍依托马列主义的热核放出它巨大的能量，从而去凝聚着属于它普照的民族和人民。月亮离不开地球，地球离不开太阳，人民离不开党。祖国的未来，中华的腾飞，需要中国共产党的领导，党就是永照华夏的太阳，也就是我们心中的太阳。”

这个结尾高屋建瓴，总揽全篇，巧妙地从自然界的太阳到华夏儿女心中的太阳的对比中，总结归纳出了“地球离不开太阳，人民离不开党”的结论，字里行间流露出对太阳的希望与向往，对共产党的歌颂与赞扬，给听众留下了深刻的印象。

2. 号召式

用提希望或发号的方式结尾。这种结尾是演讲者以慷慨激昂、扣人心弦的语言，对听众的理智和情感进行呼唤，或提出希望，或发出号召，或展示未来，以激起听众感情的波涛，使听众产生一种蓬勃向上的力量。如演讲稿《一位纪委书记的“小家”和“大家”》就是用提希望的方式结尾的。

“同志们，朋友们，我们正处在一个伟大变革的黄金时代，经济的发展，国家的富强，民族的振兴，需要全体人民的艰苦奋斗，特别是共产党人的模范带头作用。如果每一个共产党员都能正确处理好‘小家’和‘大家’的关系，严格地按党性原则要求自己，用党的纪律约束自己，用党旗下那神圣的誓言激励自己，那么我们党的形象将会更加光彩照人，我们党将会更加坚强伟大！”

这种结尾的方式是演讲者用深刻的认识和独到的见解向听众提希望、发号召，能使听众精神为之一振，具有动人情、促人行的作用。

3. 决心式

以表决心、发誓言的方式结尾。这种结尾感情饱满，态度鲜明，激情奔放，有助于坚定听众的信念，增加演讲的感召力。如演讲稿《无愧于伟大的时代》的结尾。

“同学们，让我们高举‘五四’的火炬，弘扬民主与科学的精神，把爱国之情、报国之志化为效国之行，用我们的热血和汗水、青春和智慧，甚至是生命，向我们的先辈和后代，向我们的祖国和民族呐喊：我们将无愧于伟大的时代，无愧为中华民族的炎黄子孙！我们将无愧为跨世纪的中国人！谢谢！”

这种结尾言简意赅，语言真切，充分表达了演讲者鲜明的立场和坚定的决心，从而有力地鼓舞着广大听众朝着这一目标奋进。

4. 余味式

以留余味、泛余波的方式结尾。这种结尾语尽而意不尽，意留在语外，像撞钟一样，清音有余，余味袅袅，回味无穷，三日不绝。余味式结尾好像秋天瑰丽的晚霞一样，收得俊美漂亮，并且伴有“渔舟唱晚”的娓娓之声，让听众流连忘返，久久回味。如演讲稿《人生的价值何在》的结尾。

“我们的雷锋，在他短暂平凡的人生中，创造出了巨大的人生价值，给我们留下了无与伦比的精神财富，那么，亲爱的朋友们，在漫长而又短暂的人生之路上，我们将做些什么？创造些什么？留下些什么呢？”

这个结尾采取对比和提问的手法，听后令人深思，发人深省，叫人不得不扪心自问，三省吾身，给听众留下了哲理性的思索和回味。

5．抒情式

以抒情怀、发感慨的方式结尾。演讲本身是一种思想和激情的燃烧，用抒情怀、发感慨的诗情画意的语言结尾，最易激起听众心中感情的浪花。如演讲稿《奉献之歌》的结尾。

“啊！奉献，这支朴实的歌，这支壮烈的歌，这支深远的歌，这支永远属于母亲——我们的祖国的歌，让我们每一位中华儿女都来唱这支歌吧！”

这个结尾，诗意浓浓，情真意切，给听众以极大的鼓舞和力量。

6．名言式

用名言、警句做结尾。这种结尾方式不仅使语言表达得精炼、生动、富有节奏和韵律，而且还可以使演讲的内容丰富充实，具有启发性和感染力，同时还可以给人一种生动活泼、别开生面之感。如演讲稿《谈毅力》的结尾。

“毅力是攀登智慧高峰的手杖；毅力是漂越苦海的舟楫，毅力是理想的春雨催出的鲜花。朋友，或许你正在向成功努力，那么，运用你的毅力吧。这法宝可以推动你不断地前进，可以扶持你渡过一切苦难。记住：顽强的毅力可以征服世界上任何一座高峰！（狄更斯语）”

用名言式结尾，能给演讲者的思想提供有力的证明，增加演讲的可信度，显得更加优美、含蓄、睿智大气，具有较强的说服力和鼓舞作用。

7．高潮式

在演讲的高潮中结尾。演讲结束时，演讲者设法最后一次拨动听众的心弦，打开听众的心扉，掀起高潮。如演讲稿《改革需要我们理解，时代呼唤我们奋进》的结尾。

“亲爱的朋友们：改革正在呼唤着我们，克服改革面临的困难，实现四化的历史重任已经责无旁贷地落在了我们的肩上。90年代正在呼唤着我们，这将是一个挑战与机遇同在、困难与希望并存的非常时期，是我们中华民族又到了最危险的时候！起来吧！朋友们！祖国和民族考验我们的时代到了，每一个有爱国之心、民族之魂的炎黄子孙起来吧！让我们同心同德、艰苦创业，把强烈的忧患意识和爱国热情，变为强国富民的创造性劳动，把加速民主政治建设、消除腐败现象的愿望，化为维护安定团结大局的实际行动，为共渡难关、振兴中华，起来吧！前进！前进！前进！”

这种采用高潮的方式结尾，从内容上讲，要有一定的高度，因为它是全篇演讲的概括和总结，从语言角度上讲，语言的含义要一层高过一层，语言的力度要一句比一句重。

8. 祝贺式

诚挚的祝贺和赞颂本身就充满了情感的力量，最容易拨响听众的感情之弦，产生和谐的共鸣。所以，用祝贺或赞颂的言辞结尾，能造成欢乐愉快、热情洋溢的气氛，使人在愉快中增加自豪感和荣誉感，激励人们满怀信心去创造未来。如《在迎新茶话会上的演讲》的结尾。

“最后，在春节即将到来之际，我借此机会向全市的父老兄弟，姐妹们拜个早年。祝老年人春节愉快、身体健康、寿比南山！祝中年人春节快乐、家庭幸福、事业成功！祝年轻人春节欢乐、爱情甜蜜、前程无量！祝大家年年幸福年年富，岁岁平安岁岁欢！谢谢大家！”

人一般都喜欢听赞颂的话，因此，相互之间的赞颂成了人们交往的最好手段。通过这些赞颂的话，会场活跃的气氛可达到一个新高潮，讲者和听者的关系变得更融洽了。这样，讲者的思想便给听者留下了一个满意的印象。但要注意演讲者在说这些赞颂的话时，不要过分的夸张和庸俗的捧场，否则听者就会认为你有哗众取宠之嫌。

9. 点题式

用重复题目的方式结尾。演讲的题目或标题是演讲的重要组成部分，是最具个性和特色的标志。在演讲结束时，如果重复题目，再一次点题，那么，就能加深听众对演讲的印象，使听众产生强烈的共鸣。如演讲稿《我爱长城，我爱中华》的结尾就是用点题式。

“雄伟啊长城，伟大啊中华！我登上崇山峻岭的高峰之巅，我站在万里长城耸入云端的城楼之上，我昂首挺立在世界的东方，在祖国的山川大地，向世界的大洲、大洋，向天外的星球宇宙，纵声呼喊：‘我爱长城！我爱中华！’”

这种结尾方式，既表达了主题的需要，同时又对听众产生振聋发聩的冲击力。

10. 幽默式

用幽默、风趣的语言结尾。可使演讲更富有趣味，令人在笑声中深思，并给听者留下一个愉快的印象。如鲁迅先生《在上海中华艺术大学的讲演》的结尾。

“以上是我近年来对于美术界观察所得的几点意见。今天我带来一幅中国五千年文化的结晶。请大家欣赏欣赏。”（说时一手伸进长袍，把一卷纸徐徐从衣襟上方伸出，打开看时，原来是一幅病态十足的月份牌，引得哄堂大笑。在笑声和掌声结束了他的演讲。）

这个别出心裁、极具喜剧性的结尾。不仅进一步深化了主题，使听众对那种拙劣的美术创作加深了认识，同时也给听众留下了许多演说者没有讲出来而又令人深思的空白，并让听众在美的享受和回味中，带着愉快的心情离开会场。

演讲者利用幽默结束演讲时，要做到自然、真实，使幽默的动作或语言符合演讲的内容和自己的个性，绝不要矫揉造作、装腔作势。否则只会引起听者的反感。

演讲结尾的方式除以上提到的常用的十种以外，还有不少，如：可以用歌声结尾，使听众在美妙的歌声中陶醉而流连忘返；可以利用动作（无声的语言）结束演讲，这是一种具有独特风格的方式；可以用讲故事的方式结尾；可以用提问题的方式结尾；还可以用诗歌朗诵甚至舞蹈表演的方式结尾；等等。